Der

Centralverband Deutscher Industrieller

und seine

dreißigjährige Arbeit

von 1876 bis 1906

Dargestellt von seinem Geschäftsführer

H. A. Bueck.

Berlin 1906

J. Guttentag, Verlagsbuchhandlung,

G. m. b. H.

Inhaltsübersicht.

Vorwort.

Dieses kleine Schriftchen widme ich den Besuchern der am 20. Juni d. J. in Nürnberg stattfindenden Delegiertenversammlung des Centralverbandes Deutscher Industrieller mit der Bitte, es freundlich aufzunehmen und nachsichtig zu beurteilen.

Diese Versammlung wird die erste sein seit dem Tage des dreißigjährigen Bestehens des Centralverbandes, denn er ist am 15. Februar 1876 begründet worden. Das Schriftchen ist bestimmt, ein Bild von dem Wirken und Streben des Centralverbandes während dieser dreißig Jahre nicht nur seinen Mitgliedern zu geben, sondern auch denen, deren Interesse er bei irgend einer Gelegenheit erwecken sollte, und die nicht viel Zeit zur Orientierung über ihn zu verwenden haben. Daher war die äußerste Knappheit der Darstellung bedingt, die jedoch zur weiteren Folge hatte, daß die vielseitige und umfangreiche Arbeit des Centralverbandes nur bezüglich ihrer wesentlichsten Momente hat erwähnt werden können.

Die Einleitung, die Schilderung der Verhältnisse, die zur Begründung des Centralverbandes geführt haben und der Arbeit auf den Gebieten der Handelspolitik, der Arbeiterversicherung und des Arbeiterschutzes sind in der Hauptsache dem von dem Unterzeichneten verfaßten dreibändigen Werke „Der Centralverband Deutscher Industrieller 1876 bis 1901“ entnommen worden. Hinsichtlich der Handelspolitik sind in diesem Schriftchen die Ereignisse auch der späteren Jahre in großen Zügen dargestellt worden, wobei die Haltung des Centralverbandes diesen gegenüber eingehender begründet worden ist. Die weiteren Gebiete der Tätigkeit des Verbandes haben nur in kurzen, abgerissenen Bildern vorgeführt werden können. Dennoch hoffe ich, daß dieses kleine Schriftchen seinen Zweck, den Interessen des Centralverbandes zu dienen, einigermaßen erfüllen wird.

Berlin, den 24. Mai 1906.

H. A. Bueck.

Deutschland hat im neunzehnten Jahrhundert eine Entwickelung durchgemacht, die, soweit ältere Kulturvölker in Betracht kommen, in der Geschichte ohne Beispiel ist. Beim Beginn des Jahrhunderts war Deutschland ein loser Verband mit fast vollkommen selbständigen Landesfürsten, das Kaisertum eine leere Form, das Reich als politischer Körper gänzlicher Nichtigkeit verfallen. Kaiser Franz II. zog es vor Kaiser von Oesterreich zu sein; er legte die deutsche Kaiserwürde 1806 nieder, nachdem sich die süd- und westdeutschen, fast 1/3 des Reichsgebiets umfassenden Staaten in ein Vasallenverhältnis zu Frankreich begeben hatten. Damit hatte das Deutsche Reich aufgehört zu existieren.

Aus der Zerrissenheit und schmählichen Kleinstaaterei war im siebzehnten Jahrhundert nur Brandenburg-Preußen unter dem Großen Kurfürsten, im achtzehnten Jahrhundert, als Königtum, unter Friedrich dem Großen rühmlich hervorgetreten. Damit aber war der Grund gelegt zu dem Dualismus, der eine gedeihliche politische Entwickelung des Reiches hinderte, auch als das Volk sich erhoben, die Fremdherrschaft abgeschüttelt hatte und Deutschland ein Staatenbund geworden war, zu dem auch Oesterreich gehörte.

Die wirtschaftlichen Verhältnisse des Reiches waren zu jener Zeit ungemein traurig. Im siebzehnten Jahrhundert hatte der dreißigjährige Krieg das Land um Jahrhunderte in der Kultur zurückgeworfen. Seine Städte und Dörfer waren gebrandschatzt und verödet. Das verarmte Volk konnte die früher blühenden Gewerbe nur ungenügend beschäftigen, sie versanken in einem verknöcherten Zunftwesen zur Bedeutungslosigkeit. Eine Besserung dieser tief gedrückten wirtschaftlichen Zustände konnte auch im achtzehnten Jahrhundert nicht eintreten, da die politische Versunkenheit und Machtlosigkeit des Reiches es den Nachbaren ermöglichte, ihre fast unausgesetzten Kriege auf deutschem Boden zu führen.

So war Deutschland zu Anfang des neunzehnten Jahrhunderts ein Konglomerat von selbständigen Staatsgebilden mit einer armen Bevölkerung und heruntergekommenen Gewerben, die nur einen kleinen Teil des verhältnismäßig geringen Bedarfes des Volkes an gewerblichen Erzeugnissen befriedigen konnten. Nur der Handel in den Seeplätzen erfreute sich eines gewissen Gedeihens; er zog seinen Vorteil aus der Verkommenheit des Landes, indem er das Volk mit den gewerblichen Erzeugnissen des Auslandes, besonders Englands, versorgte.

Wie anders erscheint das Bild mit dem Eintritt in das zwanzigste Jahrhundert! Aus dem deutschen Bunde mit dem zu einem polizeilichen Institut herabgesunkenen, mißachteten Bundestag, mit Fürsten, die, ohne Rücksicht auf alles andere, fast einzig darauf bedacht waren, ihre Souveränität mit Eifersucht und Intriguen zu bewahren, aus der gänzlichen Machtlosigkeit, aus einem geographischen Begriff, ist Deutschland ein fest gefügter Bundesstaat geworden mit dem König von Preußen als erblichem Kaiser an der Spitze. Ein neues Deutsches Reich, glänzend und machtvoll, hoch angesehen im Rate der Völker, ist erstanden, befähigt und bereit seine im Auslande bisher als vaterlandslos betrachteten und danach behandelten Angehörigen zu schirmen und zu schützen. Seine von 24 833 396 (1816) auf 60 605 183 (1905) angewachsene Bevölkerung ist, auf der Grundlage des geordneten, machtvollen Staatswesens, durch ernste Arbeit auf allen Gebieten zu einer hohen wirtschaftlichen Entwickelung gelangt. Von seinen zumeist in hoher Kultur stehenden Fluren sind die Spuren früherer Verwüstung verschwunden. Aus den verkümmerten Gewerben hat sich, wesentlich mit Hilfe der sorgfältig gepflegten Wissenschaften, unterstützt von einem rührigen, unternehmenden, großzügig arbeitenden Handel, mit wunderbarer Schnelligkeit eine Industrie entwickelt, die ihre Erzeugnisse in erfolgreichem Wettbewerb mit den älteren und mächtigsten Industriestaaten auf allen Märkten der Welt absetzt. Die deutsche Handelsflotte wetteifert in Vermittelung des Weltverkehrs mit den anderen schiffahrttreibenden Nationen; Deutschland ist unter ihnen an die zweite Stelle getreten. So ist aus dem verarmten, niedergedrückten, mißachteten deutschen Volke eine wohlhabende, geachtete, mächtig aufstrebende Nation, aus Deutschland ein Staatswesen geworden, dessen Zustand und Stellung jeden Vaterlandsfreund mit Stolz und Befriedigung erfüllt.

Diese gewaltige Entwickelung hat sich nur vollziehen können unter schwerem Ringen und Kämpfen sowohl auf dem wirtschaftlichen wie auf dem politischen Gebiete; in beiden Beziehungen war die Führung Preußen zugefallen. In der Schule des Unglücks gereifte, weitblickende Staatsmänner hatten erkannt, daß zur Wiederherstellung des niedergebrochenen Staates, zur Erfüllung der Wünsche der Nation, zur Rettung des Grundbesitzes, zur Wiederbelebung der Gewerbe, kurz zur Förderung der allgemeinen Wohlfahrt, nächst der Abschüttelung des Joches der Fremdherrschaft, kein besseres Mittel aufzufinden sei, als die Belebung aller Kräfte des Volkes durch die Befreiung der Personen, des Gewerbes, des Eigentums und Grundbesitzes und der Landeskultur von den mittelalterlichen Fesseln und Formen des Zwanges, von den gesetzlichen Hindernissen, die bis dahin jede freie Bewegung und Entwickelung niedergehalten hatten. Das geschah in Preußen durch den Erlaß der denkwürdigen Reformgesetze in den Jahren 1807 bis 1820.

Die preußische Regierung war aber hierbei nicht stehen geblieben. In eifrigem Bemühen, nach staats- und volkswirtschaftlichen Grundsätzen auf die Besserung der deutschen Verhältnisse einzuwirken, betätigte sie dieses Streben zunächst auf den Gebieten des Verkehrs, der Zölle und der Abgaben. Auf diesen Gebieten herrschten in Deutschland chaotische Zustände. Nicht nur durch die an den Landesgrenzen der Einzelstaaten erhobenen Zölle und Abgaben, sondern auch durch die in den Staaten selbst noch vielfach bestehenden Schranken war der Verkehr im Reiche schwer gehemmt. Es bestanden selbst in Preußen einige sechzig Zollsysteme und Zollschranken. Die preußische Regierung faßte jedoch nicht nur die Erleichterung des inneren Verkehrs durch die Wegräumung dieser

Schranken ins Auge, sondern sie wollte auch die schwer darniederliegenden Gewerbe und die bereits vorhandenen, durch die Einfuhr fremder Erzeugnisse in ihrem Bestande bedrohten Anfänge industrieller Tätigkeit schützen und fördern.

England hatte in den jahrelangen Seekriegen die Herrschaft über die Meere und über den Welthandel erlangt. Seine Gewerbe hatten sich unter Anwendung der Maschinen schnell zu industriellen Betrieben und zur Massenerzeugung entwickelt. Der Staat hatte diese Entwickelung sowie die Ausdehnung seiner Schiffahrt und seines Handels durch ein hochentwickeltes Schutzsystem begünstigt. Nach dem Sturze Napoleons, der die Aufhebung der Kontinentalsperre brachte, überfluteten die englischen Erzeugnisse ganz besonders Deutschland, weil die großen einheitlich gestalteten Staaten des Kontinents ihr Zollwesen auf der Grundlage weitgehender Prohibition geregelt und damit jener Ueberflutung Schranken entgegengesetzt hatten. Die gewerbliche und die in der ersten Entwickelung begriffene industrielle Tätigkeit in Deutschland schien dem Untergange geweiht.

Da erließ Preußen das Gesetz vom 26. Mai 1818 über die Zölle und Verbrauchssteuern von ausländischen Waren. Durch dieses Gesetz wurden alle Schranken im Innern aufgehoben und die Zollgrenze mit der Landesgrenze vereinigt; es gewährte für alle Waren, in- und ausländische, den freien Handel in Ein-, Aus- und Durchfuhr, aber nicht den Freihandel, wie später in dem heftigen Kampfe zwischen Schutzzöllnern und Freihändlern von diesen fälschlich behauptet wurde. Denn durch das Gesetz wurden die fremden Waren bei der Einfuhr mit einem Zoll von ½ Taler für den Zentner und mit einem Zuschlag als Verbrauchssteuer belegt, der in der Regel 10% vom Werte der Ware betragen sollte. Damit war das Prinzip des Schutzes der nationalen Arbeit, wenn auch in höchst mangelhafter Durchbildung und Ausführung, als Grundlage der preußischen Wirtschafts- und Handelspolitik anerkannt und eingeführt worden.

Auf der Grundlage dieses Gesetzes und des mit ihm festgelegten Prinzips verfolgte Preußen das Ziel, unter Ausschluß Oesterreichs zunächst auf handelspolitischem Gebiete eine Einigung unter den deutschen Staaten durch die Bildung des deutschen Zollvereins herbeizuführen. Der Erreichung dieses Zieles stellten sich außerordentliche Schwierigkeiten entgegen.

Zunächst wurde der schutzzöllnerische Zollverein von allen freihändlerischen Kreisen äußerst heftig bekämpft. Eigentümliche Zustände hatten in Deutschland zu einer Verschmelzung der Freihandelsidee mit dem Begriffe der politischen Freiheit geführt. Die Träger des öffentlichen Lebens, der Intelligenz im Volke, hatten gehofft, daß die mit schwersten Opfern durchgeführte Volkserhebung gegen die Fremdherrschaft von den Fürsten gelohnt werden würde durch die Einführung verfassungsmäßiger Zustände im Reich und in den Einzelstaaten. Dahingehende Versprechungen waren von den Fürsten gegeben worden aber nicht gehalten; die Hoffnung ging nicht in Erfüllung. Die Mißstimmung hierüber wuchs, je mehr der dem Einfluß Oesterreichs unterliegende Bundestag die Mißgestimmten verfolgte und durch ein System des Mißtrauens und der polizeilichen Bevormundung jede freiere Regung im Volke gewaltsam unterdrückte. Da war es nur natürlich, daß sich die Blicke aller Freiheitsfreunde sehnsüchtig auf das freie England mit seinem Jahrhunderte alten Verfassungsleben und seiner viel gerühmten Selbstverwaltung richteten, obgleich dessen politische und soziale Zustände in wesentlichen Beziehungen nicht genügend bekannt waren und daher vielfach unrichtig beurteilt wurden.

England war sich des sicheren Uebergewichtes seiner Industrie, seiner Schiffahrt und seines Handels voll bewußt; es hatte Wettbewerb von keiner Seite zu fürchten, mußte jedoch darauf bedacht sein, die Entwickelung der Industrie in anderen Ländern, besonders in Deutschland, das Massen seiner Erzeugnisse willig aufnahm, niederzuhalten. Zu diesem Zwecke schuf England eine neue wirtschaftliche Schule, die, wissenschaftlich aufgeputzt, die Lehre des bedingungslosen Freihandels als neues, heilbringendes Evangelium den anderen Völkern, besonders den Deutschen, verkündete. England selbst verzichtete auf sein prohibitives Schutzsystem, das seine Schuldigkeit vollauf getan hatte; es führte bei sich den Freihandel ein, hoffend, daß die anderen Nationen folgen würden.

In Deutschland waren Englands Sendlinge eifrig bemüht für das neue Wirtschaftssystem zu werben; sie hatten großen Erfolg.

Die Politik der deutschen Regierungen hatte unter der Führung Oesterreichs eine entschieden rückschrittliche Richtung eingeschlagen. Dadurch wurden die in Deutschlands öffentlichem Leben führenden Kreise um so mehr veranlaßt, sich der neuen Lehre zuzuwenden. Nach erweiterten Volksrechten und größerer politischer Freiheit dürstend, wirkte auf sie bestechend, was irgend den Begriff der Freiheit versinnbildlichen konnte. So wirkte auch das Wort „Frei" in Freihandel, der, aus dem politisch freien England kommend, in der Hauptsache als ein Mittel zur Förderung der politischen Freiheit aufgefaßt wurde. Man warf die Begriffe zusammen; der Freihandel wurde als ein unerläßlicher Bestandteil der politischen Freiheit angesehen und in jedes Programm freiheitlicher Bestrebungen aufgenommen. Die neue Heilslehre des Manchestertums wurde von jedem Katheder verkündet, auf dem ein freiheitlich gesinnter Gelehrter stand. Den Schutzzoll betrachtete man nicht mehr als eine nach Maßgabe der gegebenen Verhältnisse zu beurteilende wirtschaftliche Einrichtung, sondern als eine Ausgeburt politisch rückschrittlicher Bestrebungen.

Mit ganz besonderer Leidenschaftlichkeit wurde die Freihandelslehre, unter der Führung der Seestädte, von dem die ausländischen Erzeugnisse einführenden und im Lande vertreibenden Großhandel vertreten. Er stellte die lautesten Rufer im Streite gegen das Prinzip des Schutzes der nationalen Arbeit und übte in dieser Beziehung unverkennbar auch einen maßgebenden Einfluß auf die Regierungen der kleineren norddeutschen Staaten aus.

Der Bildung des Zollvereins widerstrebten die meisten deutschen Fürsten auch aus anderen Gründen. Der neue aufstrebende Großstaat Preußen erweckte ihre Eifersucht, und das zum Teil rücksichtslose Vorgehen gegen die Nachbarstaaten bei Durchführung des Gesetzes vom 26. Mai 1818, zu dem Preußen durch die zum Teil ungünstig gelegenen und verwickelten Grenzen gezwungen war, machte sie mißtrauisch. Durch den Zollverein unter Preußens Führung fürchteten sie an ihrer so ängstlich gehüteten vermeintlichen oder wirklichen Souveränität und Selbstherrlichkeit Einbuße zu erleiden. Sie neigten daher zu Oesterreich, an dessen in allen diesen Beziehungen ungefährliche Führung im Bunde sie gewöhnt waren. Gegen Preußen kam seitens der einzelnen Regierungen mehr und mehr eine feindselige Stimmung zur Geltung.

Die Ueberwindung dieser Schwierigkeiten erforderte jahrelange schwere Kämpfe, in denen Preußen freilich von der Stimmung im deutschen Volke wesentlich unterstützt wurde; denn das Volk empfand die heillosen Verhältnisse im deutschen Bunde als höchst hinderlich und drückend. Endlich nach langen vergeblichen Verhandlungen kam der deutsche Zollverein zu stande und trat am 1. Januar 1834 in Wirksamkeit. Er umfaßte ein Gebiet von 7719 Quadratmeilen mit 22 000 000 Einwohnern. Den Anschluß hatten verweigert Hannover, Braunschweig, Oldenburg, die beiden Mecklenburg, die beiden Lippe und die Hansestädte.

Bereits in der ersten Periode des Zollvereins zeigten sich die günstigen Wirkungen des freien Verkehrs im Innern und der nach außen schützenden Zölle. Die von dem englischen Wettbewerbe fast erdrückte deutsche Industrie begann zu erblühen und sich über das Land auszubreiten. Damit mehrten sich die Arbeitsgelegenheit, der Verdienst, die Verbrauchsfähigkeit und der Wohlstand im Volke.

Im Bundestag kämpfte Preußen fast erfolglos gegen den überwiegenden Einfluß Oesterreichs; um den unglücklichen Dualismus zu beseitigen und die Führung zu erlangen, also aus rein politischen Beweggründen, mußte Preußen sich das Ziel stecken, Oesterreich aus dem deutschen Bunde hinauszudrängen. Zu diesem Zwecke war es zunächst erforderlich, Oesterreich von dem Zollverein fernzuhalten. Preußen verfolgte dieses Ziel weitblickend mit unvergleichlicher Umsicht und Energie.

Oesterreich hatte nach langer gleichgültiger Haltung dem Zollverein gegenüber endlich dessen wirtschaftliche und besonders politische Bedeutung erkannt; es verlangte zunächst den Abschluß eines Begünstigungsvertrages und damit den Eintritt in den Zollverein, jedoch nur als Uebergangsstufe zur späteren vollständigen Zolleinigung mit Deutschland. Um dies im Hinblick auf seine rein politischen Ziele zu verhindern, bewirkte Preußen im Jahre 1851 zunächst den Anschluß des freihändlerischen Hannover und Oldenburg an den Zollverein, dann schloß es über die Köpfe seiner

Bundesgenossen hinweg im Jahre 1862 den Handelsvertrag mit Frankreich. Beides gelang Preußen nur mit sehr weitgehenden Zugeständnissen an den Freihandel, zu denen sich die preußische Regierung um so leichter entschloß, da die Freihandelsideen auch in ihr bereits zur Herrschaft gelangt waren. Freilich hatte Preußen damit zwei schwere Krisen im Zollverein hervorgerufen, zu deren Ueberwindung es sich nicht gescheut hatte, selbst die Kündigung des Zollvereins auszusprechen. Seiner Festigkeit und Energie gelang es aber in beiden Fällen den Widerstand, ganz besonders seiner süddeutschen Bundesgenossen, zu brechen. Dabei war Preußen freilich wesentlich von der Stimmung im Volke unterstützt worden, das den Fortbestand des Zollvereins unbedingt verlangte.

Oesterreich war im Verlaufe dieses Kampfes so weit gegangen, sich zu erbieten, sämtliche Einrichtungen des Zollvereins, dessen Tarife, Gesetze und Vorschriften, anzunehmen. Damit war der deutschen Industrie, die der österreichischen weit überlegen war, die Herrschaft über ein wirtschaftliches Gebiet mit 70 000 000 Einwohnern in Aussicht gestellt. Die wirtschaftlichen Vorteile eines solchen Abkommens mit Deutschland erschienen unberechenbar groß. Daß Oesterreich bereit war, diese Opfer zu bringen, Preußen aber den Abschluß eines Vertrages auf dieser Grundlage fast gewaltsam hintertrieb, beweist mehr wie irgend ein anderer Vorgang, daß beide Regierungen nicht nach Maßgabe der wirtschaftlichen Vorteile ihrer Nationen, sondern nur in Verfolgung ihrer rein politischen Ziele handelten.

Die auf 161 Positionen sich erstreckenden Tarifermäßigungen und Tarifbefreiungen, besonders aber die Meistbegünstigungsklausel im Vertrage mit Frankreich, machten es Oesterreich unmöglich zu folgen. Es mußte sich auf den Abschluß eines Handelsvertrages mit Deutschland beschränken.

Preußen aber hatte sein Ziel erreicht. Oesterreich war in handelspolitischer Beziehung aus Deutschland verdrängt worden, Preußen hatte auf diesem Gebiet hinfort die unbestrittene Führung. Oesterreichs politischer Stellung im Deutschen Bunde sollte demnächst durch die kriegerischen Ereignisse des Jahres 1866 ein gewaltsames Ende bereitet werden.

Dem neuen am 12. Oktober 1864 geschlossenen Zollvereinsvertrag lag ein Tarif zu Grunde, über den die Verständigung unter den deutschen Bundesstaaten leichter zu stande gekommen war; denn auch Bayern hatte sich dem Freihandel zugewendet. Für das Prinzip des Schutzes der nationalen Arbeit war nur noch Württemberg, jedoch mit geringem Erfolge eingetreten. Es war eben der freihändlerische Lehrsatz zur Ueberzeugung geworden, daß jede Herabsetzung der Zölle in erster Linie den Interessen des eigenen Landes nütze. So war der neue Tarif, ohne die Systemlosigkeit des alten zu beseitigen, aus willkürlichen, nach persönlichem Gutdünken ermäßigten Zollsätzen zusammengestoppelt worden.

Die Darlegung dieser im Zollverein geführten Kämpfe erweist unzweifelhaft, daß Preußen gezwungen war, als Mittel zur Erreichung seiner lediglich politischen Ziele, in seiner Zollpolitik von dem Prinzip des Schutzes der nationalen Arbeit zum Freihandel überzugehen, womit dieser für die gesamte deutsche Handelspolitik maßgebend wurde.

Der Krieg von 1866, der von Preußen nicht nur gegen Oesterreich, sondern auch gegen diejenigen deutschen Staaten geführt werden mußte, die sich an Oesterreichs Seite gestellt hatten, brachte als ersten Schritt zur neuen Einigung im Reiche den Zusammenschluß der nördlich der Mainlinie gelegenen deutschen Staaten im norddeutschen Bunde. Der kurze Bruderkrieg hatte merkwürdiger Weise die Wirksamkeit des Zollvereins nicht gestört, dagegen die wesentliche Besserung gebracht, daß an die Stelle der bisher die Zollvereinssachen verwaltenden Generalkonferenzen ein deutscher Zollbundesrat und ein deutsches Zollparlament traten.

Während in Süddeutschland die Regierungen und auch das Volk, abgesehen von dem Großhandel, noch an den Resten des Schutzzolles festhielten, hatte in Norddeutschland die Freihandelsbewegung, der sich auch die norddeutschen Landwirte mit ihrem leidenschaftlichen Kampf gegen die Eisenzölle angeschlossen hatten, einen durchaus volkstümlichen Charakter angenommen, der sich auch in den zollpolitischen Maßnahmen der führenden preußischen Regierung betätigte. Bei der Behandlung des der letzten Verlängerung des Zollvereins zu Grunde gelegten Tarifs war bereits der Weg für die künftige Behandlung der Zölle vorgezeichnet worden. Es war der Weg der autonomen Zollermäßigungen, autonom, weil sie aus vollkommen eigener Entschließung erfolgten und weil, als besonderes Kennzeichen der handelspolitischen Richtung, für die Zollermäßigungen keine Vorteile vom Auslande verlangt oder erreicht wurden.

Den vorbezeichneten Weg beschritt unter Preußens Führung der Zollbundesrat, indem er in den Jahren 1868 und 1869 weitere, von der durchaus freihändlerischen Mehrheit des Zollparlaments freudig begrüßte Zollermäßigungen und Zollbefreiungen beantragte, die jedoch erst im Jahre 1870 Gesetzeskraft erlangten. Unter anderem war der Zoll auf Roheisen, mit Rücksicht auf die Bestrebungen der Landwirtschaft, auf 50 Pfg. für 100 kg herabgesetzt worden. Der vollständige Bruch mit der früheren Politik des Zollvereins war vollzogen worden.

Die großen weltgeschichtlichen Ereignisse, der siegreiche Krieg gegen Frankreich und die Errichtung des neuen Deutschen Reiches, übten auch auf die zoll- und handelspolitischen Verhältnisse einen maßgebenden Einfluß aus. Die Befugnisse des Zollbundesrates und des Zollparlamentes gingen auf den neuen Deutschen Bundesrat und den Deutschen Reichstag über; in ihm vollzog sich der letzte große Sieg der Freihändler, die im Jahre 1873 unter dem Einfluß des gewaltigen wirtschaftlichen Aufschwunges beschlossene Aufhebung des größten Teiles der Eisenzölle, deren Rest am 1. Januar 1877 fallen sollte. Nach diesen Vorgängen konnte die von weiten Kreisen verlangte Aufhebung der Zölle auf Baumwollgarn und auf die noch übrigen geschützten Industrieerzeugnisse nur eine Frage der Zeit sein.

Dem zuletzt vielfach in Ueberspekulation und Schwindel ausartenden wirtschaftlichen Aufschwung nach dem Kriege folgte gegen Ende des Jahres 1873 der Zusammenbruch. Er wirkte furchtbar verheerend, indem er das Wirtschaftsleben auf allen Gebieten fast zum Stillstand brachte. Die Industrie litt schwer, besonders die Eisenindustrie. Von allen Gebieten, auf denen sich während des Aufschwunges die riesenhafte Ausdehnung vollzogen hatte, waren die Anforderungen auf die Eisenindustrie eingestürmt; denn sie hatte für alle anderen die Grundlagen zu liefern. Die Eisenindustriellen hatten umsomehr Veranlassung gehabt, mit größter Anstrengung ihre Werkstätten zu erweitern und neue Werke zu errichten, als 1870 und 1873 die Ermäßigung und schließliche Aufhebung der Eisenzölle von der Regierung begründet worden waren mit dem Hinweis, daß die Eisenindustrie den heimischen Bedarf nicht zu decken vermöge, daß daher die Zufuhr vom Auslande erleichtert werden müsse. Daher war die Produktion aufs äußerste gesteigert worden. Plötzlich stockte der Absatz, zunächst fast gänzlich für die Roheisenindustrie. Gleichzeitig ermöglichte es die freigegebene Einfuhr England und Belgien den Ueberschuß ihrer Eisenerzeugung auf den deutschen Markt zu werfen.

Mit der Aufhebung der Eisenzölle war das Dogma der Freihandelslehre allgemein als Glaubenssatz anerkannt worden, selbst von der übergroßen Mehrzahl der deutschen Industriellen und Gewerbetreibenden. Wohl erkannten die Eisenindustriellen die ihrem Gewerbe und der ganzen deutschen Industrie drohende Gefahr; aber der Gedanke, den Kampf gegen den Freihandel aufzunehmen, erschien ihnen unfaßbar. Daher wurde in dem neu begründeten Verein deutscher Eisen- und Stahlindustrieller beschlossen, nur den Aufschub der für den 1. Januar 1877 gesetzlich festgestellten Aufhebung der letzten Eisenzölle auf kurze Zeit zu verlangen. Um diese Forderung entbrannte in einem Sturm von Petitionen für und gegen ein großer Kampf, der in der Reichstagssitzung vom 7. Dezember 1875 zu ungunsten der Eisenindustrie entschieden wurde. Mit erheblicher Mehrheit beschloß der Reichstag über sämtliche Petitionen zur Tagesordnung überzugehen.

Diese Verhandlungen im Reichstag, besonders die dabei gegen die Eisenindustriellen gerichteten Schmähungen und Beschimpfungen, hatten die tiefste Empörung in weiten Kreisen der Industriellen hervorgerufen. Die führenden Männer in der Industrie hatten erkannt, daß weder von der Regierung noch vom Reichstag eine Aenderung der extrem freihändlerischen Wirtschaftspolitik zu erwarten war, daß nur durch Zusammenfassung aller Kräfte und durch einen mit äußerster Entschlossenheit geführten Kampf der Freihandel mit seinen verheerenden Wirkungen auf die Industrie zurückgedrängt werden könne.

So fand der Reichstagsabgeordnete von Kardorff=Wabnitz den Boden vorbereitet, als er in seiner denkwürdigen Broschüre „Gegen den Strom“ mit unvergleichlichem Mute die Umkehr der deutschen Wirtschaftspolitik vom Freihandel zum Schutzzoll verlangte, und die Organisation der Industrie zu dem großen bevorstehenden Kampfe in die Hand nahm.

In einer von von Kardorff am 14. Dezember 1875 veranstalteten Vorbesprechung wurde beschlossen „auf Grund der bestehenden wirtschaftlichen und industriellen Vereine eine Zentralisation herbeizuführen, und ein Komitee mit der weiteren Veranstaltung und der Ausarbeitung und Vorlage von Satzungen zu beauftragen“. Darauf fand in einer gleichfalls von dem Reichstagsabgeordneten von Kardorff eingeladenen größeren Versammlung von Industriellen und Vertretern wirtschaftlicher und industrieller Verbände die Konstituierung des

Centralverbandes Deutscher Industrieller zur Förderung und Wahrung nationaler Arbeit

am 15. Februar 1876 in Berlin statt; demgemäß besteht der Centralverband zur Zeit 30 Jahre.

In dem Nachfolgenden soll die Tätigkeit des Centralverbandes während dieser Zeit in kurzen Zügen geschildert werden.

Nach seinen Satzungen war der Centralverband bestimmt, die Gesamtinteressen der deutschen Industrie zu vertreten, zu wahren und zu fördern. Aus der Ueberzeugung hervorgegangen, daß, freilich auch neben anderen Ursachen, hauptsächlich der Freihandel die deutsche Industrie in Not gebracht habe und auf die Dauer ihren Untergang herbeiführen müsse, war seine erste und hauptsächlichste Aufgabe im Sinne seines Begründers, des Abgeordneten von Kardorff, die Umkehr der freihändlerischen Handelspolitik herbeizuführen.

Die Lösung dieser Aufgabe schien furchtbar schwer, vielen damals unmöglich; denn der Schutzzoll schien für alle Zeit abgetan, tot und begraben. Dennoch ging der Centralverband unmittelbar nach seiner Begründung mit Mut und Entschlossenheit ans Werk. Ohne andere wichtige Fragen, wie beispielsweise das Eisenbahnwesen, die Patentgesetzgebung und anderes zu vernachlässigen, beschäftigte er sich in den ersten Jahren seines Bestehens hauptsächlich mit der

Handelspolitik.

Die Lage der Eisenindustrie war immer bedrohlicher geworden. Ihre Vertreter hatten sich durch das Votum des Reichstages vom 7. Dezember 1875 nicht abschrecken lassen, sondern in neuen Petitionen und Denkschriften den Fortbestand des Restes der Eisenzölle über den 1. Januar 1877 hinaus verlangt. Diese Bestrebungen unterstützte der Centralverband kräftig in seiner ersten am 5. und 6. Mai 1876 in Leipzig abgehaltenen Ausschußsitzung. Er verlangte, mit dem Hinweis auf die Solidarität der Interessen aller Industrien, die Aufhebung des Gesetzes von 1873 über die Eisenzölle und die Wiedereinführung eines mäßigen Zolles auf Roheisen. Das hatte selbst die Eisenindustrie noch nicht zu fordern gewagt. Der Ausschuß faßte mit Bezug auf die allgemeine Wirtschafts- und Handelspolitik noch weitere schwerwiegende Beschlüsse. Er sprach sich für den Abschluß von Handelsverträgen aus; dabei sollten aber die Interessen des Gewerbefleißes, besonders durch größere Reziprozität der kontinentalen Industriestaaten gegeneinander, besser als bisher gewahrt werden. Gegen die übermächtige Industrie Englands wurde unmittelbarer Schutz verlangt. Um größere Klarheit über alle diese Verhältnisse zu schaffen, forderte der Centralverband die Reichsregierung auf, eine allgemeine amtliche Enquete über die Lage der gesamten deutschen Industrie zu veranstalten.

Aus jener Zeit stammt ein Dokument, das den Großen Kaiser Wilhelm, den Begründer des Deutschen Reiches, in seiner weit- und scharfblickenden väterlichen Fürsorge auch für das wirtschaftliche Gedeihen seines Volkes, andererseits die Fadenscheinigkeit der Gründe zeigt, mit denen die hauptsächlichsten Vertreter des Freihandels in der Regierung ihr gegen die deutsche Industrie gerichtetes Zerstörungswerk zu rechtfertigen bemüht gewesen waren.

Unter dem 22. Juli 1876 hatte Kaiser Wilhelm von Gastein an den Reichskanzler Fürsten von Bismarck das folgende Schreiben*) gerichtet:

*) „Kaiser Wilhelm des Großen Briefe, Reden und Schriften" von Ernst Berner. Berlin 1906. Ernst Siegfried Mittler und Sohn. Band II, S. 310.

An den Reichskanzler Fürsten von Bismarck

Gastein, 22. Juli 1876.

Bei der Kürze der Zeit in Würzburg konnte ich einen Gegenstand unserer inneren Verhältnisse nicht nochmals zur Sprache bringen, der mich trotz der Vorträge von p. Delbrück und Camphausen, noch ehe Sie im Herbste nach Berlin kamen, fortwährend beschäftigt und namentlich nach neueren Mitteilungen während meiner Anwesenheit am Rhein. Es ist dies das Daniederliegen unserer Eisenindustrie. In jenen Vorträgen wurde mir nachgewiesen, daß unser Eisenexport noch immer den Import übersteigt. Ich erwiderte, woher es denn aber komme, daß ein Eisen-Fabrikationsunternehmen nach dem anderen seine Oefen ausblase, seine Arbeiter entlasse, die herumlungerten, und daß diejenigen, welche noch fortarbeiteten, dies nur mit Schaden täten, also nichts verdienten, bis auch sie die Arbeit würden einstellen müssen. Geantwortet wurde mir: Ja, das sei begründet, indessen bei solchen allgemeinen Kalamitäten müßten einzelne zugrunde gehen, das sei nicht zu ändern, und wir ständen darin immer noch besser als andere Länder (Belgien). Ist das eine staatsweise Auffassung? So steht leider diese Angelegenheit schon seit den letzten Jahren. Nun soll aber vom 1. Januar 1877 an der Eisenimport nach Deutschland ganz zollfrei stattfinden, während Frankreich eine Prämie auf seine Eisenausfuhr nach Deutschland einführt! Das sind doch so schlagende Sätze, die nur die Folge haben können, daß unsere Eisenindustrie auch in /ihren/ letzten Resten ruiniert werden muß! Ich verlange keineswegs ein Aufgeben des gepriesenen Freihandels-Systems, aber vor Zusammentritt des Reichstages muß ich verlangen, die Frage nochmals zu ventilieren, „ob das Gesetz wegen der zollfreien Einfuhr des Eisens vom Auslande nach Deutschland nicht vorläufig auf ein Jahr verschoben werden muß?" Wenn Sie mit mir übereinstimmen, sehe ich Ihrem Bericht entgegen, was Sie anordnen werden.

Ihr Wilhelm.

Wie geht es Ihnen seit Würzburg?

Wohl diesem Eingriff des Kaisers war es zuzuschreiben, daß die Regierung dem Reichstag am 7. Dezember 1876 einen Gesetzentwurf, betreffend die Einführung von Retorsions- und Ausgleichsabgaben vorlegte; er war bestimmt einen Teil der Eisenzölle in sehr bedingter Weise noch für einige Zeit zu erhalten.

Inzwischen hatte der Centralverband sich vergebens bemüht auf dem am 25. bis 28. September 1876 in Bremen abgehaltenen volkswirtschaftlichen Kongreß einen vermittelnden Antrag zu Gunsten der Eisenzölle zur Annahme zu bringen. In seiner am folgenden Tage in Bremen eröffneten ersten Versammlung der Delegierten beschloß er eine dringende Petition um Fortbestand der Eisenzölle an die Regierung zu richten.

Der vorerwähnte Gesetzentwurf wurde am 12. und 13. Dezember im Reichstage beraten. Das Eintreten der Regierung glich mehr einer Aufforderung zur Ablehnung, als einer Verteidigung ihres Entwurfes. Der Reichstag verwies ihn an eine Kommission, in der er mit den Hoffnungen der Eisenindustrie begraben wurde. Am 1. Januar 1877 fielen die Eisenzölle.

Dieser Ausgang entmutigte den Centralverband nicht; er war vielmehr nur geeignet, den Kreis der Schutzzöllner in der Eisenindustrie zu erweitern, die Tätigkeit des Centralverbandes auf das äußerste anzuspornen und ihm neue Mitglieder zuzuführen. Dem Centralverbande hatten sich bereits zahlreiche einzelne industrielle Firmen und über 40 Vereine angeschlossen, darunter die Vereine der Eisen- und Stahlindustrie, die gesamte Baumwolle und Wolle verarbeitende Textilindustrie, Spinner und Weber, in ihren verschiedenen Organisationen, die Müller, die Mineralöl-Industrie, ein großer Teil der chemischen Industrie, die Vereinigungen der Papier- und Glasfabrikanten und mehrere allgemeine wirtschaftliche und industrielle Vereine, an deren Spitze der große Verein zur Wahrung der gemeinsamen wirtschaftlichen Interessen in Rheinland und Westfalen stand.

Der Centralverband war in eine äußerst lebhafte Agitation eingetreten. In seiner Delegiertenversammlung am 16. Dezember 1876 berichtete der Geschäftsführer über die Anstellung von 127 Vertrauensmännern, von denen die Agitationsschriften des Verbandes für die Umkehr der Wirtschaftspolitik verbreitet und Versammlungen in allen Teilen des Landes veranstaltet wurden für die Redner des Centralverbandes, die sich nicht scheuten auch in den Versammlungen der Gegner zu erscheinen. Diese Tätigkeit bedingte eine große Opferwilligkeit; denn der Centralverband wurde scharf angegriffen und viel geschmäht, besonders in der Tagespresse, die ihm durchaus feindlich gegenüberstand. Nur die Monatsschrift „Merkur" des Dr. Stoepel und die „Deutsche volkswirtschaftliche Korrespondenz" des Freiherrn von Roëll vertraten den Schutzzoll; sie leisteten dem Centralverbande und damit der Industrie große Dienste.

Die Delegiertenversammlung hatte auch beschlossen, eine umfangreiche Denkschrift bezüglich des Handelsvertrages an die Regierung zu richten, über den diese mit Oesterreich verhandelte, wie vorauszusehen war und sich später auch herausstellte, durchaus vergeblich. Denn das Material für solche Unterhandlungen, die Zölle, hatten Regierung und Reichstag in freihändlerischer Verblendung vorher „autonom" weggegeben.

Der neugewählte Reichstag unterschied sich von seinem Vorgänger lediglich durch die größere Zahl der gewählten Sozialdemokraten, eine natürliche Folge der durch den Niedergang der Industrie verursachten Arbeitslosigkeit im Lande. Die durchaus freihändlerische Mehrheit war geblieben.

Inzwischen glaubten aufmerksame Beobachter wahrgenommen zu haben, daß der feste Glaube an die unfehlbare Richtigkeit des hinsichtlich der Handelspolitik eingeschlagenen Weges bei der Regierung selbst ins Wanken gekommen war. Staatsminister von Delbrück, dieser unbeugsame Theoretiker in der machtvollen Vertretung des bedingungslosen Freihandels, dem Bismarck bis dahin bei der Behandlung wirtschaftlicher und handelspolitischer Fragen vollkommen vertraut hatte, war im Frühjahr 1876 ausgeschieden. Der Reichskanzler hatte sich darauf selbst eingehend mit diesen Fragen beschäftigt. Das Interesse der Landwirtschaft am Freihandel war mit Aufhebung der Eisenzölle anscheinend erschöpft; auch schien ihr die Kampfgenossenschaft mit den Freisinnigen bedenklich geworden zu sein. Dazu kam, daß der mit der Verbesserung und Erleichterung der internationalen Verkehrsverhältnisse gesteigerte, durch Zölle nicht behinderte Wettbewerb der ausländischen Bodenerzeugnisse die Lage der Landwirtschaft ersichtlich verschlechterte. Die Landwirte waren dadurch unerwartet schnell veranlaßt worden in das Lager der Schutzzöllner überzugehen. Diese Vorgänge in Verbindung mit dem energischen Auftreten und der umfassenden Agitation des Centralverbandes schienen einige Beachtung seitens des Reichskanzlers gefunden zu haben. Es zeigte sich das in seinen finanziellen Plänen für das Reich, mit denen er wohl gehofft hatte, auch seine handelspolitischen Ziele zu erreichen. Der Widerstand, den er in der Regierung selbst fand, veranlaßte ihn, im Herbst 1877 seine Entlassung einzureichen, die jedoch vom Kaiser nicht angenommen wurde. Dafür ging Camphausen, die zweite Säule des Freihandels im preußischen Ministerium.

Dem Einflusse Bismarcks war es wohl allein zu danken, daß dem Reichstage am 17. April 1877 ein zweites Gesetz, betreffend die Erhebung von Ausgleichsabgaben bei der Einfuhr von Eisen und Stahl, Eisenwaren und Maschinen, dieses Mal im festen Betrage von 75 Pfg. auf den Zentner, vorgelegt wurde. Der Entwurf wurde vom Reichstag mit 211 gegen 111 Stimmen abgelehnt. Charakteristisch für die Lage war die Erklärung des Handelsministers von Achenbach in den betreffenden Verhandlungen, daß eine Abweichung von der bisher verfolgten Freihandelspolitik mit der Vorlage nicht beabsichtigt werde. Ein Antrag des Abgeordneten von Varnbüler auf Untersuchung der Produktions- und Absatzverhältnisse wurde gleichfalls abgelehnt.

Diese Vorgänge, die vollständige Preisgabe der Eisenindustrie seitens des Reichstages und die schwächliche Vertretung der Vorlage durch die Minister, rief eine tiefe Erregung in der Industrie hervor. Sie hatte zur Folge, daß der Centralverband die Notwendigkeit erkannte, der Regierung wie dem Volke den Umfang und die Bedeutung der bereits bestehenden schutzzöllnerischen Bewegung vor Augen zu führen. Zu diesem Zwecke lud er die auf dem Boden des Schutzes der nationalen Arbeit stehenden Industriellen ganz Deutschlands zu einer Versammlung auf den 16. Juni 1877 nach Frankfurt a. M. ein. An dieser ersten großen Versammlung des Centralverbandes beteiligten sich über 500 Industrielle als Vertreter aller bedeutenden deutschen Industrien und der hervorragendsten Firmen. Diese imposante, achtunggebietende Versammlung gestaltete sich zu einer höchst bedeutungsvollen Kundgebung gegen den bedingungslosen Freihandel; sie erregte ungeheures Aufsehen. Diese Bewegung und der Centralverband, der sie veranlaßt hatte, konnten zwar angegriffen, geschmäht und verlästert, aber nicht mehr totgeschwiegen werden. Die Presse beschäftigte sich eingehend und ununterbrochen mit dem schutzzöllnerischen Centralverbande.

Die Generalversammlung hatte einstimmig beschlossen zu verlangen, daß unter Zuziehung von Sachverständigen eine Enquete über die Lage und Bedürfnisse der vaterländischen Industrie schleunigst angeordnet werde, daß vor den Ergebnissen dieser Enquete neue Handelsverträge nicht abgeschlossen, weitere Zollermäßigungen nicht vorgenommen, auch nicht neue Gesetze über das Gewerbewesen erlassen werden möchten, und daß die am 31. Dezember 1876 in Kraft gewesenen Zollsätze (die Eisenzölle), vorbehaltlich ihrer Revision nach dem Ergebnis der Enquete, wieder eingeführt würden. Weiter wurde beschlossen, das Direktorium des Centralverbandes zu beauftragen, auf Grund der vorstehenden Beschlüsse und unter Beifügung der Liste der Anwesenden, eine Bittschrift an Se. Majestät den Kaiser zu richten und deren Ueberreichung in geeigneter Form zu bewirken.

Zur Ergänzung dieser Bittschrift wurde vom Centralverbande der vollständige Plan für die Ausführung der Enquete aufgestellt und in der Form einer umfangreichen Denkschrift dem Reichskanzler überreicht. Auf die Bittschrift an den Kaiser wurde dem Centralverbande mitgeteilt, daß eine Enquete in dem beantragten Umfange untunlich erscheine, daß aber die Geneigtheit bestehe, über die Industrie im engeren Sinne eine solche Untersuchung zu veranstalten.

In der vereinigten Hauptversammlung des Vereins für Sozialpolitik und des volkswirtschaftlichen Kongresses am 8.—10. Oktober 1877 in Berlin sollte wieder, wie in Bremen, unter dem Deckmantel der Erörterung des Handelsvertrages mit Oesterreich, über Freihandel und Schutzzoll verhandelt werden. Dem Centralverbande war eingeräumt worden den zweiten Berichterstatter zu stellen. Die Bemühungen desselben, einen vermittelnden Antrag zur Annahme zu bringen waren jedoch vergebens gewesen; die vollständig freihändlerischen Anträge gelangten zur Annahme.

Aber der Stern des bedingungslosen Freihandels war ersichtlich im Sinken begriffen. Als Beweis diente auch der Umstand, daß die beiden größten freihändlerischen Vereinigungen, von denen der volkswirtschaftliche Kongreß sich rühmen konnte, in vollständiger Beeinflussung der Regierung und der öffentlichen Meinung, die Wendung der deutschen Zollpolitik zum fast bedingungslosen Freihandel herbeigeführt zu haben, zu ihrer Hauptversammlung in der Hauptstadt des Deutschen Reiches nur 91 Personen heranzuziehen vermocht hatten, zu denen der Centralverband eine erhebliche Minderheit in seinen schutzzöllnerisch gesinnten Mitgliedern gestellt hatte. Es waren Offiziere, denen die Truppen verloren gegangen waren. Diese Wahrnehmung veranlaßte die Schutzzollpartei zu noch energischerem unermüdlichen Vorgehen.

Der Centralverband hatte erfahren, daß, bei der Unwahrscheinlichkeit eines Zustandekommens des Handelsvertrages mit Oesterreich, im Bundesrat die Aufstellung eines autonomen Tarifs in Aussicht genommen worden war. Diese Nachricht veranlaßte das Direktorium die Aufstellung eines vollständigen, eingehend begründeten Zolltarifentwurfes zu veranstalten, zu welchem das Material in der 1876 abgefaßten Denkschrift, den Handelsvertrag mit Oesterreich betreffend, vorhanden war. Das Direktorium beabsichtigte den nach den Wünschen der Industrie aufgestellten Tarifentwurf dem Reichskanzler mit der Bitte zu überreichen, ihn bei der Aufstellung des Regierungsentwurfes tunlichst als Richtschnur und Grundlage zu benutzen.

Der von der Geschäftsführung ausgearbeitete Entwurf eines deutschen Zolltarifs wurde, nachdem er den Mitgliedern zur Begutachtung vorgelegt war, der Delegiertenversammlung vom 13. bis 15. Dezember 1877 in Leipzig zur Beratung und Feststellung unterbreitet.

Diese Versammlung kann für alle Zeit als leuchtendes Beispiel betrachtet werden, zunächst mit Bezug auf die geleistete Arbeit. Beim Beginn dieser Versammlung wurden von den Angehörigen jeder Industrie Kommissionen gebildet, von denen in 9—10stündiger Arbeit, die sie betreffenden Zollpositionen beraten wurden. Am 14. Dezember wurden in der Plenarversammlung die Vorschläge der Kommissionen erörtert und am 15. der Tarif im ganzen festgestellt. Diese Verhandlungen sind denkwürdig im höchsten Grade wegen des sich betätigenden Bewußtseins der Solidarität der Interessen. Nur hierdurch und mit der dabei erwiesenen Opferwilligkeit war es möglich geworden, die großen, in den entgegengesetzten Interessen hervortretenden Schwierigkeiten zu überwinden und eine vollständige Einmütigkeit in der Industrie herbeizuführen.

In dieser Delegiertenversammlung wurde ferner beschlossen beim Reichskanzler die Bildung eines volkswirtschaftlichen Senats nach dem Vorbilde des französischen conseil superieur du commerce, de l'industrie et de l'agriculture zu beantragen. Infolge dieses Antrages wurde für Preußen ein volkswirtschaftlicher Senat gebildet und dieser später auch zur Begutachtung wirtschaftlicher und sozialer Fragen herangezogen. Die Einrichtung im Reiche scheiterte an dem Widerstande der Mehrheit des Reichstages.

Weiter wurde die Berufung einer allgemeinen Versammlung aller unmittelbaren und mittelbaren Mitglieder beschlossen, die am 21. bis 23. Februar 1878 in Berlin abgehalten wurde. Diese als Kongreß bezeichnete Versammlung war von etwa 700 Industriellen aus allen Teilen Deutschlands besucht und von noch größerer Bedeutung, als es die Generalversammlung in Frankfurt a. M. gewesen war. Zunächst wurde verhandelt über die Lage der deutschen Industrie sowie des Kleingewerbes und über den autonomen Tarif. Auf Antrag des Referenten erklärte der Kongreß nach eingehenden Erwägungsgründen die Aufstellung eines die Natur der Produktion, die Lage der Industrie und Gewerbe überhaupt und lediglich die eigenen wirtschaftlichen Verhältnisse Deutschlands voll berücksichtigenden autonomen Zolltarifes für notwendig; er wünschte ferner, daß der vom Centralverbande derart ausgearbeitete autonome Tarif als Grundlage für die Arbeit der Regierung dienen möchte. Der Kongreß beschloß demgemäß erstens, eine Petition in diesem Sinne an den Bundestag und Reichstag zu richten, und zweitens, den Bundestag zu ersuchen, über den Antrag Preußens hinaus eine Enquete nicht nur für die Eisenindustrie, sondern für die gesamte Industrie zu veranstalten.

Dieser zweite Beschluß war gefaßt worden, weil am Morgen des Versammlungstages von den Zeitungen, augenscheinlich in der Absicht eine Spaltung im Centralverbande herbeizuführen, die Nachricht verbreitet worden war, daß sich die Regierung entschlossen habe, eine Enquete nur über die Lage der Eisenindustrie anzustellen.

Der in Leipzig festgestellte Zolltarif wurde von der Versammlung gegen eine Stimme angenommen. Die Hoffnungen und häufigen Vorhersagen der Freihändler, daß, wenn es sich um die Festsetzung der Zölle handeln würde, die Schutzzollpartei in einem heftigen Kampf der Industriellen unter sich auseinanderfallen würde, waren getäuscht worden. Die Industrie hielt an der Ueberzeugung der Solidarität ihrer Interessen fest und betätigte sie auch der Landwirtschaft gegenüber.

In der Versammlung war von einem in landwirtschaftlichen Kreisen sehr angesehenen Großgrundbesitzer die Versicherung abgegeben worden, daß die Landwirte in Zoll- und Tariffragen mit der Industrie gehen würden, daß sie aber auch die Berücksichtigung ihrer Interessen erwarteten; in dem vorgelegten Tarife seien aber keine Zölle für die Landwirte vorgesehen. Darauf faßte die Versammlung den folgenden Beschluß: „Der Centralverband erklärt ausdrücklich, daß er die in seinem Tarifentwurf enthaltenen Positionen, welche die Landwirtschaft betreffen, lediglich dem alten Tarife entnommen habe, da er sich nicht für berechtigt halte, über diese Materie ein Urteil abzugeben, dies vielmehr den Landwirten selbst überlassen müsse."

Als Gast in dieser Versammlung hatte sich auch der in dem Kabinett des Reichskanzlers beschäftigte Geh. Regierungsrat von

Tiedemann, der spätere Chef der Reichskanzlei, eingefunden. Es war kein Geheimnis, daß er den speziellen Auftrag hatte, dem Fürsten Reichskanzler über den Verlauf der Versammlung zu berichten. Als der Genannte bei dem der Versammlung folgenden Mahle in einem Trinkspruch auf Friedrich List sich für die Bestrebungen der Versammlung ausgesprochen hatte, schien es klar, daß dieser hohe Beamte sich in seinen Ansichten nicht von denen des Fürsten Reichskanzlers entfernte. Nach dieser Versammlung befestigte sich in den Kreisen des Centralverbandes die Hoffnung, daß die Industrie aus dem schweren Kampfe um die künftige Richtung der deutschen Handels- und Zollpolitik als Sieger hervorgehen werde. Bald brachten die einander schnell folgenden Ereignisse die Gewißheit.

Der Reichstag war wegen des verweigerten Sozialistengesetzes aufgelöst worden. Bei den Neuwahlen hatte der Centralverband dafür gesorgt, daß, wo die Industrie irgend Bedeutung hatte, die Kandidaten nach ihrer Stellung zu der im Vordergrunde aller Interessen stehenden Handelspolitik gefragt wurden. Dieser Umstand hatte augenscheinlich mitgewirkt, denn die Zusammensetzung des deutschen Reichstages hatte sich gänzlich geändert. 204 Abgeordnete schlossen sich sofort zu einer freien wirtschaftlichen Vereinigung zusammen, die das Prinzip des Centralverbandes, den Schutz der nationalen Arbeit, als berechtigt anerkannte und eine dementsprechende Erklärung erließ.

Auf eine schriftliche Anfrage des Vorsitzenden dieser Vereinigung, des Abgeordneten von Varnbüler, antwortete Fürst von Bismarck, daß die verbündeten Regierungen zu der Frage noch nicht Stellung genommen hätten. Soweit es ihm aber gelingen sollte seine persönliche Ansicht zur Geltung zu bringen, sei es allerdings seine Absicht, eine umfassende Revision des Zolltarifs herbeizuführen und die dazu erforderlichen Anträge zunächst der Prüfung der verbündeten Regierungen zu unterbreiten. Die Vorarbeiten hierfür seien bereits in Angriff genommen. Den Abschluß neuer Handelsverträge mit Konventionaltarifen könne er solange nicht befürworten, als die Frage der Revision des Tarifs nicht ihre Erledigung gefunden habe.

Das war es, wofür der Centralverband bisher mit aller ihm zu Gebote stehenden Macht gekämpft hatte.

Am 28. November 1878 beantragte der Reichskanzler beim Bundesrat die Einsetzung einer Kommission zur Revision des Zolltarifs. In dem betreffenden Schreiben war die weitere Ausbildung des Systems der indirekten Besteuerung und des Schutzes der heimischen Produktion gegen den Mitbewerb des Auslandes besonders betont.

Inzwischen war auch die Forderung des Centralverbandes auf Anstellung von Untersuchungen über die Lage der Industrie in der Hauptsache erfüllt worden. Die Kommission zur Vornahme einer sehr eingehenden Enquete über die Lage der Eisen-, Baumwoll- und Leinen-Industrie war vom Reichskanzler eingesetzt worden. Ein Verzeichnis geeigneter Sachverständigen für die Vernehmung war der Regierung vom Centralverbande bereits früher vorgelegt worden.

Die Enquete-Kommission hatte ihren Bericht dem Bundesrat unter dem 12. März 1879 erstattet. Die Kommission zur Bearbeitung eines neuen autonomen Zolltarifs begann unter dem Vorsitz des Abgeordneten von Varnbüler ihre Arbeit am 3. Januar 1879. Der vom Centralverband aufgestellte Entwurf eines autonomen Tarifs hat bei diesen Arbeiten als Unterlage gedient und sehr gute Dienste geleistet. Während der Dauer der Beratung dieser Tarifkommission wurde die Geschäftsführung des Centralverbandes von dem Vorsitzenden der Kommission unausgesetzt in Anspruch genommen, um Auskünfte über die Lage und Verhältnisse der einzelnen Industrien zu geben. Das von dem Centralverbande seit seiner Begründung eifrig gesammelte Material kam hierbei in vollem Maße zur Geltung.

In Bezug auf das Verhältnis der Landwirtschaft erklärte die am 15. und 16. Februar 1879 abgehaltene Delegiertenversammlung, daß der Centralverband „vom Standpunkte einer geschützten nationalen Industrie- und Gewerbetätigkeit aus, gegen den entsprechenden Schutz der vaterländischen Landwirtschaft, also auch gegen einen mäßigen Getreide- und Viehzoll nichts zu erinnern finde und davon Nachteile weder für die deutsche Industrie noch für die in derselben beschäftigten Arbeiter befürchte". Eine volle Verständigung zwischen den Interessen der Landwirtschaft und denen der Industrie wurde auf dem X. Kongreß deutscher Landwirte am 24. Februar 1879 durch den zum Kongreß eingeladenen Vorsitzenden des Centralverbandes, Geh. Kommerzienrat Schwartzkopff, erzielt. Das Referat über den Hauptpunkt der Verhandlung „die Stellung der Landwirtschaft zu den wirtschaftlichen Reformen des Fürsten Reichskanzlers", war dem hochangesehenen Mitgliede des Centralverbandes, Direktor Lohren, übertragen.

Der Kommission war es, dank der unermüdlichen Energie ihrer Vorsitzenden von Varnbüler und von Tiedemann, gelungen, bereits am 9. März 1879 den neuen Zolltarif dem Bundesrat vorzulegen, der ihn unverändert schon am 4. April dem Reichstage zugehen ließ. Das größte Aufsehen erregte die Wiedereinführung von Getreidezöllen, auf Weizen und Hafer 1 M., auf anderes Getreide 0,50 M. für 100 kg. In dem Briefe an einen süddeutschen Landwirt hatte der Reichskanzler nicht undeutlich zu verstehen gegeben, daß er einen wirkungsvolleren Schutz für die Landwirtschaft gewollt, wohl auch bei der Industrie Verständnis dafür gefunden habe, aber gegen die mit Instruktionen versehenen Mitglieder der Zolltarifkommission nichts habe ausrichten können.

Im Reichstag war die Hauptschlacht bereits bei Besprechung der Thronrede geschlagen worden. Trotzdem die Freihändler den Kampf mit äußerster Zähigkeit fortsetzten, konnten sie ihre Niederlage nicht abwenden. Der Zolltarif wurde am 12. Juli 1879 vom Reichstage mit 217 gegen 117 Stimmen angenommen.

Damit war der große schwere Kampf, der vom Centralverbande vor wenigen Jahren aufgenommen und von ihm, anfangs fast aussichtslos, mit unsäglicher Arbeit und äußerster Energie geführt worden war, siegreich beendet, die Umkehr der deutschen Wirtschaftspolitik vollzogen. Der bedingungslose Freihandel war unterlegen, und die maßvolle, vom Centralverbande vertretene Schutzzollpolitik als Richtschnur für die künftige Handelspolitik des Deutschen Reiches angenommen worden.

Der Centralverband hatte die hauptsächlichste Grundlage geschaffen, auf der sich die deutsche Industrie, zum Wohle des Reiches und zur Befriedigung und zum Stolze seiner Bewohner, so groß und mächtig entwickeln konnte, daß sie heute hinter keiner Industrie der Welt zurücksteht und diejenigen der meisten anderen Industriestaaten überflügelt hat.

Es war nicht zu erwarten gewesen, daß die Freihändler sich sofort mit der neuen Ordnung der Dinge befreunden würden; von ihnen wurden vielmehr die Schutzzölle und diejenigen, die sie vertreten hatten, mit äußerster Schärfe unausgesetzt angegriffen. Daher bestand eine der wesentlichsten Aufgaben des Centralverbandes in den nächsten Jahren in der Verteidigung und Erhaltung des Erreichten, zunächst aber in dem weiteren Ausbau der geschaffenen neuen Grundlage. In dieser Beziehung erteilte er Ratschläge für die Bedingungen, unter denen im allgemeinen Handelsverträge, die er befürwortete, zu behandeln und abzuschließen seien. Die wesentlichste Ergänzung des Zolltarifs, das Warenverzeichnis, fehlte noch. In sehr ernster, umfangreicher Arbeit wurde nach den von den Mitgliedern eingezogenen Gutachten vom Direktorium der Entwurf zu einem Warenverzeichnis aufgestellt und dem Bundesrat als Material übergeben.

In eingehenden Verhandlungen und mit schriftlichen Gutachten wurde der Anschluß der Hansestädte an das deutsche Zollgebiet vorbereitet. Dieser Anschluß wurde später, zur vollen Zufriedenheit der Angeschlossenen, vollzogen unter tatkräftigster vermittelnder Arbeit einer Deputation von Mitgliedern des Centralverbandes. Speziell sei nur erwähnt, daß diese Deputation von schutzzöllnerisch gesinnten inländischen Industriellen sich zuerst und nachdrücklich für die Notwendigkeit ausgesprochen hatte, den Hansestädten ein Freihafengebiet und zur Einrichtung desselben eine namhafte finanzielle Unterstützung seitens des Reiches zu gewähren. Diese gutachtlichen, von einem Mitgliede der Deputation in einer Denkschrift niedergelegten Aeußerungen hatten unverkennbar den Reichskanzler geneigt gemacht, den Hansestädten den Abschluß des Vertrages mit dem Reiche tunlichst zu erleichtern.

Von der Geschäftsführung des Centralverbandes war bereits 1881 eine umfassende, den Abschluß eines Handelsvertrages mit Rußland befürwortende Denkschrift veröffentlicht worden.

Zur Förderung des Exports, der sich nach der Einführung des autonomen Zolltarifs wesentlich zu heben begann, gab, auf Anordnung des Direktoriums, die Geschäftsführung eine Zusammenstellung aller bestehenden Freundschafts-, Handels-, Schiffahrts- und Konsularverträge in einer 441 Druckseiten umfassenden Schrift heraus. Diesem Werke folgte zu demselben Zweck eine Zusammenstellung der Zolltarife aller Länder in zwei Bänden in der Stärke von 850 und 782 Druckseiten.

Durch Gesetz vom 22. Mai 1885 war der Zoll auf zahlreiche industrielle, besonders aber auf landwirtschaftliche Erzeugnisse erhöht worden, der Zoll auf Roggen und Weizen auf 3 Mark, der auf Gerste und Hafer auf 1,50 Mark. An der Agitation für diese, wie für die späteren Zollerhöhungen im Jahre 1887 hat sich der Centralverband nicht beteiligt. Gegen den von der Landwirtschaft verlangten Zoll auf Rohwolle hatte sich der Centralverband mit aller Entschiedenheit ausgesprochen.

Schon in dem von ihm im Jahre 1876 aufgestellten Zolltarife hatte der Centralverband vorgeschlagen, die Unterscheidung der Baumwollgewebe in drei Stufen nach Gewicht und Fadenzahl der Gewebe vorzunehmen. Der Bundesrat hatte es für gut befunden, die Unterscheidung nach dichten und undichten Geweben beizubehalten. Diese durchaus unrationelle Behandlung der Gewebezölle, wie andere die Textilindustrie betreffenden Fragen, beispielsweise die metrische Garnnummerierung und die Rückerstattung der Zölle, sind vom Centralverbande, der dafür eine große Kommission aus Vertretern der verschiedenen Zweige der Textilindustrie eingesetzt hatte, mehrfach und fortgesetzt behandelt worden. Die wiederholten Anträge auf eine andere Art der Verzollung der Gewebe blieben selbst bei dem Abschluß der Caprivi'schen Handelsverträge unbeachtet. Erst der Zolltarif von 1902 führte die Verzollung der Gewebe nach Gewicht und Fadenzahl ein, aber nicht, wie der Centralverband beantragt hatte, in drei Stufen, sondern in zwei, und mit wesentlich geringeren Sätzen als der Centralverband vorgeschlagen hatte. Damit ist der Bestand großer und bedeutender Zweige der deutschen Baumwollweberei in Frage gestellt worden.

Von den betreffenden Interessenten war die Einführung eines Zolles auf Rohkupfer und die Erhöhung des Zolles auf Tafelglas beantragt worden. Die langwierigen Erörterungen über diese Anträge zeigen, mit welcher Gewissenhaftigkeit und Sorgfalt derartige Fragen im Centralverbande behandelt wurden. Da über Fragen, die in die Interessen großer Industrien tief eingreifen, im Centralverbande durch einfache Abstimmung nicht entschieden wird, über den Zoll auf Rohkupfer eine Verständigung unter den Interessenten aber nicht herbeigeführt werden konnte, so verzichtete der Centralverband auf die Abgabe eines Votums und überließ es den Parteien, ihre entgegengesetzten Interessen selbst zu verfolgen. Die Anträge auf Aenderung des Zolles auf Tafelglas machte der Centralverband zu den seinigen.

Fortlaufend beschäftigte sich der Centralverband mit den Handelsverträgen, dabei, auf Veranlassung der Regierung, mehrfach mit der Abgabe von Gutachten über die Wirkung solcher Verträge und der vom Auslande eingeführten Zolltarife. Die schon seither erhebliche Arbeit auf diesen Gebieten nahm wesentlich an Umfang und Wirksamkeit zu, als Frankreich alle seine Handelsverträge zum 1. Februar 1902 gekündigt hatte und daher eine Neuregelung der internationalen handelspolitischen Beziehungen auch für Deutschland erforderlich geworden war. Im Centralverband war vorausgesehen worden, daß die Neuregelung auf der Grundlage des Abschlusses neuer Handels- beziehungsweise Tarifverträge erfolgen werde. In dieser Voraussetzung hatte der Centralverband die Aufstellung einer auf zehn Jahre zurückgreifenden Ein- und Ausfuhrstatistik bei dem Reichskanzler beantragt. Die Herausgabe der sogenannten statistischen „grünen Hefte" ist daher auf die Initiative des Centralverbandes zurückzuführen.

Die Handelsverträge mit Oesterreich-Ungarn, Italien, Belgien und der Schweiz waren als Tarifverträge abgeschlossen. In die Verhandlungen über den Vertrag mit Oesterreich, der grundlegend für die anderen Verträge gewesen war, war die Regierung ungenügend vorbereitet und mit ungenügenden Kräften eingetreten. Einer von den beiden Unterhändlern des Reiches war, wie von der Enquete des Jahres 1879 sattsam bekannt, ein extremer Freihändler gewesen, der, nach der von ihm überzeugungstreu anerkannten Lehre, jede Herabsetzung einer Position des eigenen Tarifs für eine dem Vaterlande erwiesene Wohltat erkennen mußte. Dazu kam, daß die Absicht, die 1887 auf 5 M. erhöhten Zölle für Brotgetreide bei dem Abschluß des Handelsvertrages auf 3,50 M. zu ermäßigen, vor dem Beginn der Verhandlungen bekanntgegeben war. Die Freihändler im Reichstage hatten diese — Unvorsichtigkeit noch vervollständigt durch das stürmische Verlangen, die Getreidezölle ganz zu beseitigen. Alle diese Umstände hatten ein für Industrie und Gewerbe wenig befriedigendes Ergebnis bei dem Abschluß des Handelsvertrages mit Oesterreich und der anderen vorgenannten Handelsverträge zur Folge.

Die Absicht der Regierung, durch den Handelsvertrag mit Oesterreich eine Herabsetzung der Getreidezölle herbeizuführen, hatte in der Landwirtschaft große Entrüstung hervorgerufen. Ihr Unwille richtete sich merkwürdigerweise besonders gegen die Industrie. Dieser Umstand veranlaßte das Direktorium des Centralverbandes öffentlich zu erklären, daß die im Centralverbande vertretene Industrie die Herabsetzung der Getreidezölle nicht verlange und ihr auch keinen Wert beilege. In der Erklärung war gesagt, „daß die deutsche Industrie keine Vorteile anstrebe, welche nur auf Kosten der Landwirtschaft erreicht werden könnten. Wichtiger als die Höhe der landwirtschaftlichen Zölle sei die Erhaltung genügender Arbeitsgelegenheit für landwirtschaftliche und industrielle Arbeiter und die Aufrechterhaltung der vaterländischen Gewerbstätigkeit im bisherigen Umfange. Hierin seien die Interessen von Landwirtschaft und Industrie solidarisch." Diese Erklärung wurde dem Centralverbande von der Regierung sehr übel vermerkt. Sie erkannte erst später, daß diese Erklärung, neben der Absicht, das Verhältnis der Industrie zur Landwirtschaft richtig zu stellen, den Zweck verfolgt hatte, der Regierung, nachdem die vorerwähnte Unvorsichtigkeit begangen worden war, bei den Verhandlungen mit Oesterreich doch wenigstens einigermaßen den Rücken zu stärken.

Die scharfe Kritik, die besonders vom Centralverbande an dem unsachlichen Verfahren beim Abschluß der bisherigen Handelsverträge geübt worden war, hatte zur Folge, daß die Regierung bei den Verhandlungen über den Handelsvertrag mit Rußland andere Wege einschlug. Zunächst wurden mit den Verhandlungen

Diplomaten betraut; dann wurden je 3 Vertreter der Industrie, des Handels und der Landwirtschaft als Gutachter berufen. Die Landwirte lehnten ihre Mitwirkung ab. Die Vertreter der Industrie, Mitglieder des Centralverbandes, und des Handels, Mitglieder des deutschen Handelstages, konstituierten sich in dem Bureau des Centralverbandes als sogenannter Zollbeirat. Dieser funktionierte während der mehrere Monate dauernden in Berlin geführten Verhandlungen, unter Zuhilfenahme des gesamten Personals des Centralverbandes und seiner sonstigen Hilfsmittel, in ununterbrochener persönlicher Fühlung mit den Industriellen, den betreffenden Reichsämtern und den Unterhändlern in aufopfernder Tätigkeit als sachverständiger Beirat. Diesem Umstande ist es wesentlich zuzuschreiben, daß die Unterhandlungen mit Rußland zu einem im allgemeinen befriedigenden Handelsvertrag geführt haben. Dieser Zollbeirat hat, unter der gleichen Beihilfe des Centralverbandes, auch bei den in der Folge noch abgeschlossenen Handelsverträgen mitgewirkt.

Im übrigen war der Centralverband von den betreffenden Staats- und Reichsbehörden vielfach zur Abgabe spezieller Gutachten aufgefordert worden. Ferner war er bemüht gewesen, durch die in seinen großen und bedeutungsvollen Versammlungen erstatteten Berichte und gefaßten Beschlüsse die Annahme der Handelsverträge im Reichstag zu sichern.

Auch in den folgenden Jahren haben die Zollfragen und die handelspolitischen Verhältnisse den Centralverband vielfach beschäftigt. Es ist hier unmöglich diese Tätigkeit im einzelnen zu verfolgen. Im allgemeinen richtete sie sich, meistens mit Erfolg, auf die Beseitigung der von den Vertragsstaaten veranlaßten Zollschwierigkeiten und Zollschikanen, auf Ergänzungen im Tarif, auf die Abgabe von Gutachten, auf den Nachweis, daß die Handelsverträge günstig auf die Entwickelung des Wirtschaftslebens einwirken, und wesentlich auch auf die Abwehr der von anderen Seiten betriebenen Verschlechterung der internationalen handelspolitischen Beziehungen. Als Beispiel sei hingewiesen auf die erst nach langen und eingehenden Prüfungen befürwortete Erhöhung des Zolles auf kupferne Druckwalzen und auf die mühevolle und energische

Bekämpfung der im Reichstage gestellten Anträge auf Kündigung der Meistbegünstigungsverträge. Schon damals — 1896 — klagte der Centralverband über die bevorzugte Stellung Frankreichs in Tunis. Er richtete an den Reichskanzler die Bitte, dafür zu sorgen, daß bei der Einfuhr in Tunis die deutschen Waren mindestens mit den Erzeugnissen der anderen Länder gleichgestellt würden.

Mannigfache Umstände, darunter außergewöhnlich niedrige Weltmarktpreise für Getreide und der durch den Aufschwung der Industrie und das Wachsen der Großstädte herbeigeführte Leutemangel, hatten in der Landwirtschaft schwere Notstände herbeigeführt. Die Landwirte schoben die Schuld allein auf die mit den Caprivischen Handelsverträgen erfolgte Ermäßigung der Getreidezölle. Sie organisierten sich in dem „Bund der Landwirte", der die Agitation gegen die Handelsverträge und leider auch gegen die Industrie in außerordentlich feindseliger, fast demagogischer Weise aufnahm. Auch andere Kreise waren mit den Handelsverträgen wenig zufrieden. Da die Ursache der für Deutschland ungünstigen Bestimmungen in der ungenügenden Vorbereitung für den Abschluß der Verträge erblickt wurde, so traten sehr bald von verschiedenen Seiten lebhafte Bestrebungen hervor, die darauf gerichtet waren, hinsichtlich des Abschlusses der nächsten Handelsverträge für eine bessere Vorbereitung zu sorgen. Zu diesem Zweck wurden ganz neue Organisationen, die Zentralstelle für Vorbereitung von Handelsverträgen und der Handelsvertragsverein gebildet; sie sollten selbständig und aus eigener Kraft die Vorbereitung aufnehmen und durchführen. Zu demselben Zweck waren langwierige Verhandlungen zwischen dem Centralverbande Deutscher Industrieller und dem Deutschen Handelstag geführt worden; sie scheiterten schließlich, jedoch nicht allein an der Absicht des Handelstags, bei der gemeinsamen Arbeit dem Centralverbande eine durchaus untergeordnete Rolle zuzuweisen.

Das Direktorium des Centralverbandes hatte seinen Geschäftsführer beauftragt, eine Denkschrift über die zweckmäßigste Art der Vorbereitung der neuen Handelsverträge abzufassen. Sie war dem Direktorium am 10. Juni 1897 unterbreitet worden und zu dem Schlusse gelangt, daß keine freie, beziehungsweise private Organisation irgend welcher Art im stande sein würde, in einwandsfreier Weise die erforderlichen Arbeiten zu leisten, sondern daß dies nur von amtlichen Stellen, freilich unter umfangreicher und gesicherter Mitwirkung von Sachverständigen aus der Praxis geschehen könne. Das Direktorium schloß sich dieser Ansicht an. Von ihr geleitet knüpfte es Verhandlungen mit dem Staatssekretär des Innern an, die nach Verständigung mit dem Deutschen Handelstag und dem Deutschen Landwirtschaftsrat zur Bildung des „Wirtschaftlichen Ausschusses zur Vorbereitung und Begutachtung handelspolitischer Maßnahmen" durch den Reichskanzler führten. Dieser Ausschuß wurde aus Vertretern der Landwirtschaft, des Handels und der Industrie zusammengesetzt und der Leitung des Reichsamtes des Innern unterstellt. Als seine größte und verdienstvollste Arbeit ist die von ihm aufgestellte deutsche Produktionsstatistik anzusehen; seine Mitwirkung ist auch noch bei der Aufstellung des Entwurfs zu dem neuen Zolltarif in Anspruch genommen worden.

Der Centralverband, auf dessen Initiative die Bildung des „Wirtschaftlichen Ausschusses" allein zurückzuführen ist, war besonders für ihn eingetreten, um ein Organ zu schaffen, das, wie damals der Zollbeirat bei den Verhandlungen mit Rußland, bezüglich des Abschlusses der neuen Handelsverträge als eine Körperschaft von Sachverständigen mitwirken sollte. Dazu ist es nicht gekommen. Die Regierung hatte den Agrariern einen überwiegenden Einfluß im „Wirtschaftlichen Ausschuß" eingeräumt, deren extreme Stellung ihn unbrauchbar für die ihm vom Centralverbande zugedachte Aufgabe machte. Das hatte auch die Regierung eingesehen, trotz des von der agrarischen Bewegung auf sie ausgeübten Einflusses. Der „Wirtschaftliche Ausschuß" ist zur Mitarbeit bei den Verhandlungen über den Abschluß der neuen Handelsverträge nicht berufen worden.

Die besonderen Aufgaben, die dem Centralverbande als Vertretungskörperschaft des größten Teiles der deutschen Industrie und fast aller ihrer Zweige bei der bevorstehenden neuen Regelung der handelspolitischen Verhältnisse Deutschlands zufielen, ist er bestrebt gewesen, in ernster Arbeit gewissenhaft zu erfüllen. Als Grundlage für den Abschluß der neuen Handelsverträge sollte ein neuer Zolltarif erstellt werden. Zunächst über das Schema für den Tarif, dann über die einzufügenden Zollsätze, später über den Entwurf der Regierung und endlich zu jedem der einzelnen Handelsverträge sind die Forderungen und Wünsche der Mitglieder eingefordert und in zahlreichen, teilweise sehr umfangreichen Denkschriften allen mitwirkenden amtlichen Stellen unterbreitet worden.

Vor allem war der Centralverband mit äußerstem Bemühen bestrebt gewesen, die Industrie zu einheitlichem Vorgehen zu bewegen, leider vergebens. Das Solidaritätsbewußtsein, das in aufopferungsvoller Betätigung in den 70er Jahren den gewaltigen Erfolg ermöglicht hatte, war besonders in der bedeutendsten und am meisten bedrohten Industrie, der Textilindustrie, erstorben und selbst durch die eindringlichsten Bemühungen und Vorstellungen seitens des Centralverbandes nicht wieder zu beleben gewesen. Auch in anderen Industrien fehlte es an der erforderlichen Einmütigkeit, selbst an der unentbehrlichen Mitwirkung bei der Vertretung ihrer Interessen. Daher entbehrte die Einwirkung des Centralverbandes auf die Gestaltung des neuen Zolltarifs der notwendigen festen und sicheren Grundlage; sie wurde aber auch durch andere Verhältnisse abgeschwächt.

Ein großer Teil der Nation und auch der Industrie war mit der Regierung einig in dem Willen, die Not der Landwirtschaft durch die Gewährung eines wirkungsvollen Schutzes zu mildern. Die Regierung war aber weiter gegangen; sie war in ihrem Tarif-Entwurfe den extremen Forderungen der Agrarier sehr weit entgegen gekommen und hatte, wohl um den, im allgemeinen der Industrie wenig freundlich gesinnten Parteien im Reichstage den Tarif schmackhaft zu machen, den industriellen Teil desselben durchaus stiefmütterlich behandelt. Eine andere Erklärung ist für die sonst unbegreifliche Tatsache nicht zu finden, daß, während die anderen Länder ihre neuen Tarife ganz außerordentlich erhöhten, um sie zu wirkungsvollen Werkzeugen für die bevorstehenden Verhandlungen über die neuen Verträge auszugestalten, in dem deutschen Tarif-Entwurf, von wenigen Erhöhungen als Folge rationellerer Gliederung abgesehen, viele Industriezölle ermäßigt, über 80 Positionen sogar unter den Sätzen des bestehenden Vertrags-Tarifs in Vorschlag gebracht waren.

In der Kommission des Reichstags kämpften die Agrarier und ihr Anhang mit Erfolg Schulter an Schulter mit der Sozialdemokratie gegen die Industriezölle. Bei der blinden Leidenschaft, mit der dieser Kampf geführt wurde, kam es zu widersinnigen Beschlüssen, Unstimmigkeiten, wie man später in Milde sagte. Alle mit der Landwirtschaft im Zusammenhang stehenden Positionen wurden über die Gebühr, teils zum unmittelbaren Schaden der Industrie, erhöht. Die Hoffnung, daß der Reichstag das von der Kommission angerichtete Unheil gutmachen würde, war eitel. Die von der Sozialdemokratie betriebene, zu stürmischen Exzessen ausartende Obstruktion veranlaßte die Mehrheit des Reichstages, durch eine staatsstreichähnliche Aenderung seiner Geschäftsordnung und unter Verzicht auf sachliche Erörterung die Annahme des Zolltarifs in der von der Kommission gegebenen bedauerlichen Fassung zu erzwingen. Dabei war es den Agrariern freilich doch noch gelungen, zu ihren Gunsten Zollermäßigungen durchzusetzen, durch welche bedeutende Zweige der Eisen-, Stahl- und Maschinenindustrie weiter geschädigt wurden.

Alle diese Verhältnisse, der niedrige Tarif, die teils übertrieben hohen Zölle auf landwirtschaftliche Erzeugnisse, besonders auf Vieh, Fleisch und Fett, in erheblichster Weise aber auch die zur Abwehr der Seuchengefahr von deutscher Seite unabänderlich bedingten, den Verkehr sehr erschwerenden, teils gänzlich ausschließenden Maßnahmen, trugen dazu bei, daß beim Abschluß der Handelsverträge große Opfer gebracht werden mußten, zu denen der Stoff nur dem Gebiete der Industriezölle entnommen werden konnte und reichlich entnommen wurde. Daher ist die Industrie in dem Urteil einig, daß die neuen Handelsverträge ungünstig für sie ausgefallen sind.

Das war den Gegnern des Centralverbandes, den alten freihändlerischen aus den 70er Jahren her, wie den neuen Widersachern aus Neid und persönlichem Uebelwollen eine gern gefundene Gelegenheit, dem Centralverbande die Schuld für den unbefriedigenden Ausfall der Handelsverträge aufzubürden. Weshalb? Weil er für die Steigerung der Getreidezölle auf die ungefähre Höhe der Sätze vom Jahre 1887 eingetreten war. Dabei war der Centralverband nur seinen alten bewährten Traditionen gefolgt. Es ist hier schon erwähnt, daß er in seiner Versammlung der Delegierten vom 15./16. Februar 1879 in einer höchst bedeutungsvollen entscheidenden Zeit erklärt hatte, daß er vom Standpunkte einer geschützten nationalen Industrie- und Gewerbetätigkeit aus gegen den entsprechenden Schutz der vaterländischen Landwirtschaft, also auch gegen einen mäßigen Getreide- und Viehzoll nichts zu erinnern finde, und davon keine Nachteile, weder für die deutsche Industrie noch für die in derselben beschäftigten Arbeiter, befürchte.

Die Verständigung mit den Landwirten war damals von dem Centralverbande angestrebt und herbeigeführt worden. Sie war besiegelt durch vorstehende Erklärung und die Ansprache des Präsidenten des Centralverbandes in der Sitzung des Kongresses Deutscher Landwirte am 24. Februar 1879. Es darf niemals vergessen werden, daß es nur durch dieses, aus dem Solidaritätsbewußtsein hervorgegangene Bündnis zwischen Industrie und Landwirtschaft möglich geworden war, die Mehrheit im Reichstage für die Umkehr der Wirtschafts- und Handelspolitik im Reiche zum Prinzip des Schutzes der nationalen Arbeit zu erlangen.

An diesem Bündnis, das die Grundlage für den gewaltigen Aufschwung der deutschen Industrie gebildet hat, ist vom Centralverband bis zuletzt festgehalten worden, trotz der von agrarischer Seite geübten Gehässigkeit und Feindseligkeit gegen die Industrie. Daher ist er für die Erhöhung der Getreidezölle im Betrage der von der Regierung vorgeschlagenen Minimalzölle eingetreten. Die gemeinschädlichen übertriebenen Forderungen der Agrarier, die teilweise auch in den Zolltarif übergegangen sind und in den Handelsverträgen Ausdruck gefunden haben, hat der Centralverband stets nachdrücklich zurückgewiesen.

Bei der großartigen, glänzenden Entwickelung der deutschen gewerblichen Tätigkeit, bei dem hocherfreulichen sieghaften Vordringen ihrer Erzeugnisse auf allen Weltmärkten hat der Centralverband niemals aus den Augen verloren, daß die sicherste Grundlage und der festeste Stützpunkt der deutschen Industrie der heimische Markt und auf diesem ein hoch bedeutungsvoller Faktor eine tunlichst verbrauchsfähige

Landwirtschaft ist. Dieser Gesichtspunkt ist für sein Handeln maßgebend gewesen im wohlverstandenen, wahren Interesse der deutschen Industrie. Von diesem Wege wird er sich nicht ablenken lassen durch die Angriffe und Schmähungen seiner Widersacher und Neider.

Das war die Tätigkeit des Centralverbandes während 30 Jahren auf dem Gebiete der Handels- und Zollpolitik. Diese Tätigkeit ist hier ziemlich eingehend dargestellt worden, weil der Centralverband begründet worden war, zunächst um die auf diesem Gebiete liegenden Aufgaben zu lösen und weil die in dieser Beziehung geleistete Arbeit zu ganz besonders bedeutungsvollen Erfolgen für die deutsche Industrie geführt hat. Die weiteren Tätigkeitsgebiete des Centralverbandes werden, dem durch ihren Zweck bedingten knappen Umfange dieser kleinen Schrift entsprechend, nur äußerst kurz und daher nur andeutungsweise behandelt werden.

Aus den unvergleichlich großen Fortschritten der deutschen Industrie in Ausdehnung und jeder Art Leistung kann wohl ein berechtigter Schluß auf den hohen Grad der Intelligenz, der Kenntnisse und der allgemeinen Bildung derer gezogen werden, von denen die Industrien begründet, fortgeführt sind und geleitet werden. Mit solchen Eigenschaften ausgestattete Männer haben niemals übersehen können, daß sie ihre Werke nur fördern, ihre Ziele nur erreichen konnten mit gutgeschulten, kräftigen und zufriedenen Arbeitern. Nur mit solchen konnte eine der wesentlichsten grundlegenden Vorbedingungen für das Gedeihen der Industrie und besonders für eine angemessene Verwertung der nach Milliarden in ihr angelegten Kapitalien einigermaßen sichergestellt werden, d. i. die erforderliche Kontinuität der Betriebe. Daher haben die deutschen, im Centralverbande vereinigten Industriellen freudig die Absicht des großen Kaisers und seines unvergeßlichen Kanzlers begrüßt, die soziale Lage der Arbeiter zu heben und zu verbessern durch Sicherung ihrer Existenz und derjenigen ihrer Angehörigen bei dem Eintritt von Krankheit, Unfall, Invalidität und Altersschwäche. Dies ist der Grund für die unendlich mühevolle und umfassende Arbeit gewesen, die der Centralverband über 20 Jahre der

Arbeiter-Versicherung und dem Arbeiterschutz

gewidmet hat, um diese Gesetzgebung zu fördern und zu stützen und sie in Uebereinstimmung zu bringen mit den berechtigten Interessen der Industrie, wie ihrer Arbeiter.

Die Entwickelung des Hilfskassenwesens auf der Grundlage staatlicher Organisation und freier Selbsthilfe hatte sich als ungenügend erwiesen. Die Hilfeleistung war meistens auf Krankheitsfälle und Sterbegeld beschränkt; nur die Knappschaftskassen und ein Teil der Fabrikkrankenkassen gewährten den männlichen Arbeitern bezw. den Hinterbliebenen der verunglückten Arbeiter Pension. Die gesamte Hilfeleistung erstreckte sich jedoch nur auf einen Bruchteil der Arbeiter.

Ein treues, hoch angesehenes Mitglied des Centralverbandes und gleichzeitig ein hervorragender Parlamentarier, der Hüttenbesitzer Stumm, hatte bereits 1869 und später noch mehrfach im Reichstage Anträge auf Versorgung invalider und altersschwacher Arbeiter nach dem Vorbilde der Knappschaftskassen gestellt.

Nachdem durch die Rückkehr zu dem System maßvoller Schutzzölle die Grundlage zu einem hoffnungsvollen Gedeihen der Industrie hauptsächlich durch die Mitwirkung des Centralverbandes gegeben war, hatte sich dieser sofort der Arbeiterfürsorge zugewendet und in seiner Delegierten-Versammlung vom 22. bis 24. September 1879 die Notwendigkeit einer Invaliden- und Altersversicherung anerkannt.

Die Aufgabe des Haftpflichtgesetzes vom 7. Juni 1871, die Arbeiter gegen die Folgen von Betriebsunfällen sicher zu stellen, war nur ungenügend gelöst worden. Nicht der böse Wille der Arbeitgeber, sondern gewisse Bestimmungen des Gesetzes hatten zur Folge gehabt, daß Ansprüche der Arbeiter fast nur auf dem Wege des Rechtsstreites erledigt werden konnten. Das Gesetz befriedigte niemand; es verbitterte und verschlechterte das Verhältnis zwischen den Arbeitgebern und den Arbeitern.

Um zunächst auf diesem Gebiete Abhilfe zu schaffen, wurde bei der Eröffnung des Reichstages am 15. Februar 1881 in der

Thronrede ein Gesetzentwurf über die Versicherung der Arbeiter gegen die Folgen von Unfällen angekündigt. Damit begann die denkwürdige Sozialpolitik des großen Kaisers und seines treuen Kanzlers. Sie war darauf gerichtet, die Heilung der durch die Sozialdemokratie und ihre Ausschreitungen herbeigeführten Schäden nicht ausschließlich auf dem Wege der Repressalien, sondern gleichmäßig auf dem der positiven Förderung des Wohles der Arbeiter zu suchen. Diese Sozialpolitik war der Ausgangspunkt der Arbeiterversicherungs- und Arbeiterschutzgesetzgebung, die seitdem den Centralverband in sehr ernster Arbeit beschäftigt hat.

Bereits vor der durch die Thronrede gegebenen Anregung hatte der Generaldirektor Baare-Bochum über die Ausführung der Unfallversicherung ein „Promemoria" ausgearbeitet, das die Aufmerksamkeit des Fürsten Bismarck erregt hatte. Der Kanzler setzte sich mit Baare persönlich in Verbindung und beauftragte ihn, einen Gesetzentwurf auszuarbeiten. Auf der Grundlage dieses, von einem hervorragenden Industriellen und Mitgliede des Centralverbandes, unter Hinzuziehung anderer Industrieller entworfenen Gesetzes, war der erste Gesetzentwurf betreffend die Versicherung der Arbeiter gegen die Folgen der im Betriebe sich ereignenden Unfälle von der Regierung aufgestellt worden.

Er ist am 15. Februar 1881 veröffentlicht und am 8. Mai desselben Jahres beim Reichstag eingebracht und von diesem auch durchberaten und verabschiedet worden, jedoch mit Aenderungen, die den Bundesrat veranlaßten, dem Gesetze die Genehmigung zu versagen.

In der neuen, am 27. April 1882, eröffneten Session des Reichstages brachte die Regierung am 29. April den Entwurf eines Krankenkassengesetzes und am 8. Mai einen neuen Entwurf betreffend die Unfallversicherung ein. Beide Gesetzentwürfe wurden bei der ersten Lesung einer Kommission überwiesen. Weil der Reichstag nicht geschlossen, sondern vertagt worden war, konnte die Kommission ihre Arbeiten in der nächsten Session fortsetzen; sie erstattete ihren Bericht im April 1883, jedoch nur über das Krankenkassengesetz. Wegen der Verschleppung im Reichstage erließ Kaiser Wilhelm, unter dem 14. April 1883, eine Botschaft, in der er den Reichstag dringend ermahnte, die wichtige, die Arbeiter-Versicherung betreffende Vorlagen baldigst zu erledigen. Der Erfolg war freilich gering. Das Krankenkassengesetz war zwar im Juli erledigt worden; bezüglich der die Unfallversicherung betreffenden Vorlage beschränkte sich aber der Reichstag darauf, am letzten Tage der Session — 12. Juni 1883 — einen mündlichen Bericht der Kommission in der Form von Resolutionen entgegen zu nehmen, die teilweise an bedenklicher Unklarheit litten. Darauf wurde der Gesetzentwurf von der Regierung zurückgezogen.

Mit Beginn des Jahres 1884 veröffentlichte die Regierung neue „Grundzüge" für die Unfallversicherung, denen am 6. März ein vollständiger, auf wesentlich veränderter Grundlage beruhender Gesetzentwurf folgte. Dieser Entwurf wurde am 29. Juni 1884 in dritter Lesung vom Reichstag verabschiedet und unter dem 6. Juli desselben Jahres als Gesetz veröffentlicht.

Es muß zunächst festgestellt werden, daß die im Centralverbande vereinigte Industrie mit den von dem großen Kaiser in seiner denkwürdigen Botschaft vom 17. November 1881 niedergelegten Grundsätzen für die Förderung des Wohles der Arbeiter durchaus einverstanden und auch in Dankbarkeit bereit gewesen war, die erforderlichen Opfer zu bringen. Demgemäß hat sich der Centralverband von der Veröffentlichung des ersten Gesetzentwurfes im Jahre 1881 bis zum Erlaß des Unfallgesetzes 1884 unausgesetzt mit der Kranken- und Unfallversicherung der Arbeiter beschäftigt. Abgesehen von den zahlreichen Sitzungen des Direktoriums und der eingesetzten Kommissionen, haben diese Gesetzentwürfe in fünf Ausschuß-Sitzungen, drei Delegierten-Versammlungen und in einer Generalversammlung sämtlicher Mitglieder des Centralverbandes den Hauptgegenstand der Verhandlung gebildet. In allen Zeitabschnitten der fortschreitenden Entwickelung dieser Gesetze war er bestrebt gewesen, durch Denkschriften und Eingaben, selbst durch die Ausarbeitung eines die Unfallversicherung betreffenden vollständigen, eingehend begründeten Gesetzentwurfes den verbündeten Regierungen und dem Reichstage die Ansichten und Wünsche der Industrie zu unterbreiten und sie damit zur Geltung zu bringen. Diese Bemühungen sind durchaus nicht vergebens gewesen; sie eingehend hier darzustellen ist unmöglich. In einigen höchst bedeutungsvollen Beziehungen soll aber doch das wirkungsvolle und erfolgreiche Eingreifen des Centralverbandes geschildert werden.

Bei den Beratungen des ersten Gesetzentwurfs im Reichstage herrschte über den Begriff der Karenzzeit Unklarheit, aus der, bezüglich ihrer Dauer, verschiedene Vorschläge hervorgingen. Niemand hatte die Frage aufgeworfen oder erörtert, was aus den Verunglückten während der Karenzzeit werden solle. Erst der Centralverband hatte erkannt, daß diese Frage nur durch die Krankenkassen geregelt werden könne und daß daher dem Erlaß eines Unfallversicherungsgesetzes eine durch Gesetz zu bewirkende, auf der Grundlage der Zwangsversicherung vorzunehmende Reorganisation des Hilfskassenwesens vorhergehen müsse, die er in seinen Beschlüssen und Eingaben verlangte. Dieses Verlangen erkannte die Regierung und später auch der Reichstag an; daher war das Krankenkassengesetz zuerst erledigt worden.

Die Regierung hatte eine Reichsversicherungs-Anstalt vorgeschlagen; der Centralverband unterstützte diese Art der Organisation entschieden. Sie scheiterte an dem Widerstande des Zentrums und des Freisinns. Sicher hätte die Arbeiterversicherung auf allen Gebieten einheitlicher, leichter und wirkungsvoller und mit geringerem Kostenaufwande durchgeführt werden können, schwere Mühen und Kämpfe würden nicht in die Erscheinung getreten sein und nicht drohend noch bevorstehen, wenn damals als Grundlage der Organisation die Reichsanstalt angenommen worden wäre.

Nach der Zurückweisung durch den Reichstag bezeichnete die Kaiserliche Botschaft vom 17. November 1881 eine andere Grundlage für die Organisation, den engen Anschluß an die realen Kräfte des Volkslebens und das Zusammenfassen der letzteren in der Form korporativer Genossenschaften unter staatlichem Schutz und staatlicher Förderung. Die Regierung hatte versucht, diesen Gedanken in ihrem zweiten Gesetzentwurf praktisch zur Ausführung zu bringen. Die vorgeschlagene Organisation stieß im Reichstage auf Widerspruch; von allen Rednern aber wurde der Kern des berechtigten Widerstandes nicht getroffen. Die durchschlagenden Einwendungen gegen den Entwurf der Regierung aufzufinden und zu bezeichnen war dem Centralverbande vorbehalten. Von seiner für die Unfallversicherungsvorlage eingesetzten Kommission war in ihrer Sitzung vom 12. und 13. Oktober 1882 erwiesen worden, daß nach dem Plane der Regierung etwa 2000 Genossenschaften, Verbände und Abteilungen derselben zu errichten sein würden, und daß für jedes dieser Organe ein besonderer Verwaltungsapparat vorgesehen war. Die Kommission hatte die praktische Durchführung dieser komplizierten Organisation rundweg als unmöglich erklärt. Das wurde auch von der Regierung und vom Reichstage eingesehen. Die von dem Centralverbande zuerst vorgeschlagene Zusammenfassung der Berufsgenossen in lokal abgegrenzte Berufsgenossenschaften wurde, mit der Ausdehnung dieser Genossenschaften unter Umständen auch auf das Gebiet des ganzen Reiches, später die Grundlage für die Organisation der Unfallversicherung.

Die Regierung hatte in der Begründung zu ihrem ersten Entwurf überzeugend den durchaus richtigen Standpunkt vertreten, daß die mit der Fürsorge für die Arbeiter, zunächst mit der Unfallversicherung, verfolgten Ziele nicht nur im Interesse der Arbeitgeber, sondern zunächst im Interesse der Arbeiter selbst, dann aber auch im Interesse des Staates und der Allgemeinheit lägen. Daher sollten zu den Kosten, außer den Arbeitgebern, auch die Arbeiter und auch der die Allgemeinheit repräsentierende Staat durch einen Reichszuschuß beitragen. Da es sich hier um hoch bedeutungsvolle Schritte auf dem bisher gänzlich unbekannten Gebiete der Arbeiter-Zwangsversicherung handelte, war die Regierung bedacht gewesen, die Leistungen der Versicherung auf das dringend Notwendige zu beschränken. Der nach diesen Grundsätzen aufgestellte erste Entwurf der Regierung hatte daher die freudige und opferwillige Zustimmung des Centralverbandes gefunden. Bei ihrem Wunsche, das Unfallversicherungsgesetz unter allen Umständen durchzubringen, hat sich die Regierung aber in der weiteren Entwickelung Schritt für Schritt von den Theoretikern, Sozialisten und Popularitätshaschern im Reichstage von ihrer besseren Ueberzeugung zurückdrängen lassen. Dabei waren die unablässigen, eindringlichen und treffend begründeten Einwendungen des Centralverbandes vergebens gewesen. Die Beiträge der Arbeiter wie der Reichszuschuß wurden fallen gelassen, die Leistungen der Kassen wesentlich erhöht und die ganze Last der Unfallversicherung den Unternehmern aufgebürdet.

In der Voraussetzung, daß die Arbeiter zu den Kosten beitragen würden, hatte der Centralverband deren Beteiligung auch an der Verwaltung für recht erachtet und gefördert. Diese Beteiligung wollte die Regierung schließlich den Arbeitern auch gewähren, trotz ihrer gänzlichen Befreiung von Beiträgen. Für ihre Mitwirkung an der Verwaltung sollten Arbeiter-Ausschüsse in großer Zahl errichtet werden. Der Centralverband erblickte in diesen Ausschüssen die staatliche Organisation der Sozialdemokratie. Er bekämpfte sie mit der größten Energie und Zähigkeit, und so war es ihm schließlich doch gelungen, sie zu Fall zu bringen, obgleich die Regierung fast bis zum letzten Augenblick an ihnen festgehalten hatte.

Für das von der Regierung vorgeschlagene Umlageverfahren hat der Centralverband einen schweren Kampf mit den Theoretikern geführt, von denen, in Verkennung der in einer staatlichen Zwangs-versicherung liegenden Unterschiede, die Kapitaldeckung verlangt wurde. In diesem Falle war auch die Regierung fest geblieben; das Umlageverfahren gelangte zur Durchführung.

So hat der Centralverband, wenn auch in nicht wenigen Einzelheiten seine Wünsche und Vorschläge unberücksichtigt geblieben waren, doch durch seine andauernde ernste Mitarbeit gerade in sehr wesentlichen Beziehungen das Zustandekommen des Unfallversicherungs-Gesetzes wirkungsvoll beeinflußt und gefördert. Trotz der schweren Belastung, die der Industrie auferlegt worden war, hat der Centralverband das Zustandekommen des Unfallversicherungs-Gesetzes freudig begrüßt und durch die von ihm vorbereitete freiwillige Bildung der Berufsgenossenschaften die schnelle Ausführung des Gesetzes wesentlich erleichtert und gefördert. Das ist seiner Zeit von dem ersten Präsidenten des Reichsversicherungsamtes in warmen Worten und nachdrücklich anerkannt worden.

Leider ist der Centralverband vergeblich bemüht gewesen, die Erfahrungen, die von den Industriellen gerade auf dem Gebiete des Krankenkassenwesens in langjähriger praktischer Tätigkeit gemacht worden waren, bei dem Erlaß des Krankenkassengesetzes zur Geltung zu bringen. Die Ratschläge der Männer aus der Praxis waren mit verletzendem Mißtrauen aufgenommen und geringschätzig beiseite geschoben worden. In nicht weniger ernster Arbeit, wie bei den Unfallversicherungsgesetzen, hatte der Centralverband, von den tatsächlichen Verhältnissen ausgehend, den Kampf geführt gegen theoretische Anschauungen, die, in der Hauptsache von politischen Bestrebungen ausgehend, auf politische Ziele gerichtet waren. Das Mißtrauen und die Feindseligkeit gegen die Arbeitgeber und die Industrie im allgemeinen hatten zu Mißgriffen geführt, durch welche das Krankenkassengesetz mit schweren Mängeln behaftet worden war. Das fertige Gesetz war in der Delegiertenversammlung vom 15. September 1883 besprochen worden. Der Referent hatte die Betrachtung mit den Worten abgeschlossen, daß die aus den Mängeln des Gesetzes hervorgehenden Mißstände in wenigen Jahren solchen Umfang annehmen würden, daß eine neue gesetzliche Behandlung dieser Materie erforderlich werden würde.

Diese Voraussage war zutreffend gewesen. Bereits nach sieben Jahren, am 22. November 1890, wurde dem Reichstag der Entwurf eines Gesetzes über die Abänderung des Krankenkassengesetzes vom 15. Juni 1883 unterbreitet. Dieses Gesetz wurde erst am 19. März 1892 vom Reichstag verabschiedet. Auch mit Bezug auf dieses Gesetz hatte es der Centralverband an mühevoller, ernster Arbeit nicht fehlen lassen, um ihm eine, den tatsächlichen Verhältnissen entsprechende Gestaltung zu geben. Dies war namentlich mit Bezug auf die freien Hilfskassen der Fall gewesen, die sich immer mehr zu Pflanzstätten und Erziehungsanstalten für die Sozialdemokratie ausgebildet hatten. Das neue Gesetz entsprach in dieser Beziehung nicht den Absichten der Regierung und noch viel weniger entsprach es den wohlerwogenen Vorschlägen und Forderungen des Centralverbandes.

Und wieder zeigte sich die Unhaltbarkeit des Gesetzes. Elf Jahre später, am 19. Februar 1903, sah sich die Regierung genötigt, eine abermalige Aenderung des Krankenkassengesetzes beim Reichstage zu beantragen. Das bei der Organisation der Krankenversicherung den Arbeitern verliehene Uebergewicht hatte dahin geführt, daß die Ortskrankenkassen den Sozialdemokraten, ihrem

Terrorismus und ihrer Mißwirtschaft preisgegeben waren. Durch das neue Gesetz wollte die Regierung die Macht der Sozialdemokraten über die Kassen etwas einschränken. Sie hatte nicht versäumt diese schüchternen Versuche durch Erhöhung der Leistungen der Kassen und andere Zugeständnisse an die Arbeiter diesen zu versüßen. Die Regierung hatte aber bereits seit einigen Jahren ihre Widerstandskraft gegen die Sozialdemokratie und deren Helfer in den bürgerlichen Parteien eingebüßt. Sie ließ sich ein Gesetz aufdrängen, in dem die Zugeständnisse angenommen, die geringen Beschränkungen der Selbstherrlichkeit der Sozialdemokraten in den Krankenkassen aber abgelehnt waren. Freilich stellte die Regierung eine neue Vorlage zur Aenderung der Organisation für die nächste Zeit in Aussicht. Aber sie hatte es ruhig geschehen lassen, daß ihr die Rosinen aus dem Kuchen genommen waren, was bekanntlich der Staatsminister von Bötticher sich seiner Zeit in ähnlicher Lage nicht hatte gefallen lassen. Bei der Aussichtslosigkeit, die erwähnte Vorlage im Reichstage durchzubringen, ist deren Einbringung bisher unterblieben.

In der an den Reichstag gerichteten Kaiserlichen Botschaft vom 14. April 1883 war die Vorlage eines Gesetzentwurfes betreffend die Alters- und Invaliditätsversicherung bereits angekündigt worden; die ersten „Grundzüge" für diese Versicherung wurden jedoch erst am 17. November 1887 veröffentlicht. Ihnen folgte im Juli 1888 ein im Bundesrat aufgestellter und im Reichsanzeiger veröffentlichter Gesetzentwurf. Er wich in wesentlichen Beziehungen von den „Grundzügen" ab. Wie sehr die Ansichten der verbündeten Regierungen bezüglich der Behandlung dieser schweren Materie noch schwankten, beweist der Umstand, daß der am 22. November 1888 endlich dem Reichstag vorgelegte Gesetzentwurf abermals bedeutende Aenderungen selbst grundlegender Bestimmungen brachte. Dieser Gesetzentwurf wurde im Reichstage in wesentlichen Beziehungen vollkommen umgestaltet und am 23. Mai 1889 mit 185 gegen 165 Stimmen, also nur mit der geringen Mehrheit von 20 Stimmen, angenommen.

Unmittelbar nach dem Erscheinen der ersten „Grundzüge" hatte der Centralverband die Arbeit bezüglich der Alters- und Invaliditätsversicherung aufgenommen und sich bis zur Verabschiedung des Gesetzes unausgesetzt mit ihr beschäftigt. Er hatte zu den „Grundzügen" wie zu den beiden einander folgenden Gesetzentwürfen stets nach umfangreichen, gründlichen Verhandlungen Stellung genommen und seinen Auffassungen und Wünschen mit Bezug auf die Gestaltung des Gesetzes in sorgfältig vorbereiteten und eingehend begründeten Beschlußanträgen Ausdruck gegeben. Diese Arbeit ist nicht ohne Erfolg gewesen; denn, wenn auch nicht alle diese Bestrebungen berücksichtigt worden sind, so sind doch wesentliche, grundlegende Bestimmungen dem Vorschlage des Centralverbandes entsprechend gestaltet worden.

Nach den „Grundzügen" sollten Träger der Alters- und Invaliditätsversicherung die Berufsgenossenschaften werden. Das hat der Centralverband durch seinen energischen Widerstand verhindert. Er hatte erkannt, daß den auf die ehrenamtliche Tätigkeit ihrer Mitglieder angewiesenen Berufsgenossenschaften, ohne Gefährdung ihrer durchaus befriedigenden Wirksamkeit und ihrer gesetzlich festgestellten Zusammensetzung und Organisation, weitere Aufgaben als die Unfallversicherung nicht zugewiesen werden durften. Durch seinen erfolgreichen Widerstand hat der Centralverband sich leider die dauernde Feindschaft derjenigen industriellen Kreise zugezogen, welche die Berufsgenossenschaften zu Vertretungskörperschaften der gesamten industriellen Interessen ausgestalten wollten.

Bezüglich der Organisation war die Industrie einmütig für die Errichtung einer Reichsversicherungsanstalt eingetreten. Unter der Mitwirkung von Vertrauensmännern, der unteren Verwaltungsbehörde und der Schiedsgerichte hätte die Reichsanstalt zu einer Zentral-Reichskassenstelle ausgestaltet werden können, durch welche eine Verteilung der fälligen Renten auf mehrere zahlungspflichtige Stellen hätte erübrigt werden können.

Die Reichsversicherungsanstalt war nicht zu erreichen gewesen. Für diesen Fall hatte ein Mitglied des Centralverbandes bereits im Volkswirtschaftsrat als Träger der Versicherung Landesversicherungsanstalten, jedoch unter der ausdrücklichen Voraussetzung vorgeschlagen, daß sie das Gebiet eines Bundesstaates bezw. mehrerer Bundesstaaten umfassen müßten. Als die Regierung in ihrem zweiten Gesetzentwurf die Landesversicherungsanstalten brachte, hat der Centralverband immer wieder deren tunlichst größte Ausbreitung verlangt. Nach seiner Ansicht sollte das Königreich Preußen nur eine einzige Versicherungsanstalt bilden. Anstelle dessen wurden in Preußen 8 Versicherungsanstalten errichtet und ähnlich wurde in den anderen größeren Bundesstaaten verfahren. Die Nichtbefolgung des wohlüberlegten Vorschlages des Centralverbandes hat sich später bitter gerächt und durchgreifende, nicht in allen Beziehungen glückliche Umgestaltungen des Gesetzes erfordert.

Dem Centralverbande war durch seine eingehenden sachlichen Vorstellungen gelungen, die auf theoretischen Spekulationen beruhenden Bestrebungen, den Individuallohn jedes einzelnen Arbeiters der Berechnung der Beiträge und Renten zu Grunde zu legen, zurückzudrängen. Er hatte in dieser Beziehung den glücklichen Vorschlag der Regierung, Ortsklassen einzuführen, freudig begrüßt und energisch verteidigt, bis die Regierung selbst ihn preisgab. In unglaublicher Verkennung der tatsächlichen praktischen Verhältnisse setzte der Reichstag an die Stelle der Ortsklassen die Lohnklassen, durch welche die Durchführung des Gesetzes unendlich erschwert worden ist.

Mit äußerster Anstrengung und gutem Erfolge war der Centralverband bestrebt gewesen, die Regierung in der Forderung eines Reichszuschusses zu unterstützen; er hat jedoch die ungerechte Zuteilung dieses Zuschusses zu den einzelnen Renten nicht zu verhindern vermocht.

Das Kapitaldeckungsverfahren hat der Centralverband entschieden, jedoch vergebens bekämpft, aber erreicht, daß das endgültig festgestellte Verfahren sich dem Umlageverfahren, freilich mit der Ansammlung sehr bedeutender Reserven, näherte.

Der Centralverband hat auch die unbedingte Auflösung der privaten Pensionskassen verhindert.

Die im Centralverbande vereinigte Industrie hatte aufrichtig und warmen Herzens die Sozialpolitik des großen Kaisers unterstützt und sich auch willig bereit erklärt, die erforderlichen Opfer zu bringen. Freilich hatte sie verlangt, daß bei Bemessung der Leistungen mit äußerster Vorsicht vorgegangen werden möchte.

Dieses Verlangen war berechtigt nicht nur wegen des Mangels zuverlässiger Grundlagen für die Errichtung der bisher unbekannt gewesenen Arbeiterzwangsversicherung, sondern auch wegen des Umstandes, daß es auf diesem Gebiete wohl Fortschritte, niemals aber Rückschritte geben kann. Der Widerstand gegen das Streben, die Leistungen der Kassen von vornherein hoch zu bemessen und sie im Laufe der Beratung der Gesetze immer mehr zu steigern, war aber weiter erklärlich im Hinblick auf eine Industrie, die kurz vorher während einer jahrelangen vernichtenden Krisis sorgenvoll und schwer um ihre Existenz gekämpft hatte. Um so mehr muß es anerkannt werden, daß die im Centralverbande vereinigte Industrie zu den lebhaftesten Befürwortern und wirkungsvollsten Förderern der Arbeiterversicherung gehört hat.

Mit dem Jahre 1894 begann die zehnjährige Periode, in der die verschiedenen Aenderungen der Arbeiter-Versicherungsgesetze eine gleich umfassende Arbeit des Centralverbandes erforderten. Sie war schwieriger und weniger erfolgreich, da die Rücksicht auf die Wählermassen und demgemäß die sozialistische Strömung im Reichstag immer stärker hervortrat und der Widerstand der Regierung immer schwächer geworden war. Das Werk der Abänderung der Arbeiter-Versicherungsgesetze ist noch nicht abgeschlossen; dem Centralverbande stehen in Wahrung der Interessen der Industrie auf diesem Gebiete noch schwere Kämpfe bevor.

Eine gleich umfassende sehr ernste und mit schweren Kämpfen verbundene Arbeit hat der Centralverband auf dem Gebiete der

„Gewerbeordnung und des Arbeiterschutzes“

geleistet.

Die Mehrheit des Reichstages des Norddeutschen Bundes war, wie sein Nachfolger der Deutsche Reichstag, bis 1878 von den Lehren und Grundsätzen des Manchestertums beherrscht. Bei dem Erlaß der Gewerbeordnung im Jahre 1869 führten jene Lehren zur Erstrebung der tunlichst größten Selbständigkeit und weitgehendsten Ungebundenheit des einzelnen Individuums und daher zum Widerstande gegen die Machtvollkommenheit des Staates, regulierend und schützend in die gewerbliche Tätigkeit und Bewegung einzugreifen. Diese Grundsätze hatten nur gegen eine sehr starke Minderheit zur Geltung gebracht werden können und zwar gegen die Vorschläge und Absichten der Regierung. Diese begann daher sehr bald mit der Einbringung von Gesetzentwürfen, die, ohne das Prinzip der Gewerbefreiheit aufzugeben, doch bestimmt waren eine Aenderung der Gewerbeordnung in den Fällen herbeizuführen, in denen in der Beseitigung notwendiger Schranken zu weit gegangen war. Diese Periode der Aenderung schloß mit dem Jahre 1883 ab. Während derselben hatte der Centralverband im großen und ganzen auf der Seite der Regierung gestanden und besonders einen wirksamen Schutz der unselbständigen Arbeiter warm befürwortet und unterstützt. Den Beweis dafür liefern die Verhandlungen in der Delegiertenversammlung vom 23. Februar 1878.

Auch vor dem Beginn und während des Verlaufes der im Jahre 1891 einsetzenden zweiten Periode der an der Gewerbeordnung vorgenommenen Aenderungen hat der Centralverband dem Arbeiterschutz, soweit er mit den tatsächlichen, praktischen Verhältnissen in Uebereinstimmung zu bringen war, keinen Widerstand entgegengesetzt, ihn vielmehr warm befürwortet. So hatte er in seiner Delegiertenversammlung vom 5. Oktober 1885 zuerst den Grundsatz aufgestellt, daß jede, lediglich der Vermehrung der Produktion dienende Sonntagsarbeit zu verbieten sei. Die in dieser zweiten Periode vorgenommenen Aenderungen und besonders die von den einzelnen Parteien gestellten, übermäßig weitgehenden Anträge waren in der Hauptsache auf die zunehmende sozialistische Strömung zurückzuführen und auf den weitgehenden Einfluß, den die Stimmung in den Wählermassen auf die Mehrheit des Reichstages und, nach dem Rücktritt des Fürsten von Bismarck, auch auf die Regierung, insbesondere auf das Reichsamt des Innern, ausübte.

Gegen diese Strömung und gegen Bestimmungen, die, wesentlich aus der Rücksicht auf den die Massen beherrschenden Geist hervorgegangen, geeignet waren, die gewerbliche Tätigkeit zum Schaden der Gesamtheit über die Gebühr einzuschränken, hat der Centralverband schwer und unermüdlich, wenn auch mit geringem Erfolge, gekämpft.

Besonders energisch ist der Centralverband gegen Maßregeln aufgetreten, durch die, wie leicht zu erkennen war, die verderbliche

Tätigkeit und wachsende Macht der Sozialdemokratie nur zu sehr begünstigt und gefördert wurde. Der Centralverband hat überhaupt schon seit langer Zeit den Kampf gegen die Sozialdemokratie und gegen die von ihr geübte terroristische Herrschaft über die deutsche Arbeiterschaft als eine seiner hauptsächlichsten Aufgaben aufgenommen und fortgeführt. Der Centralverband hat dabei nicht das Gelingen der auf den Umsturz des Staates und der Gesellschaft gerichteten Pläne der Sozialdemokratie befürchtet; er nahm an, daß es damit vorläufig noch gute Wege habe. Aber er sah die immer heftigeren Angriffe gegen die Stellung der Arbeitgeber und die immer verhängnisvoller werdenden Störungen der Arbeit kommen, von denen die Wohlfahrt des Reiches und seiner Bewohner immer ernstlicher bedroht wird.

Die Versuche der Regierung, die höchst gefährliche sozialdemokratische Bewegung einzudämmen und zurückzudrängen waren an dem Widerstande der von Wahltaktik und Popularitätshascherei beherrschten sozialistischen Mehrheit des Reichstages gescheitert. Entmutigt gab schließlich selbst die Regierung ihre Bemühungen auf, mit der Macht des Gesetzes der Sozialdemokratie entgegenzutreten; auf Haltung und Maßnahmen der Regierung übten die sozialistischen bürgerlichen Parteien im Reichstag, die Helfer der Sozialdemokratie, ersichtlich einen mehr und mehr bestimmenden Einfluß aus.

Da trat der Centralverband zuerst mit dem bereits mehrfach in seinen Versammlungen angeregten Gedanken hervor, durch die

Organisation der Arbeitgeber

über das ganze Reich der Kampfbegier und dem Uebermut der sozialdemokratischen Arbeiter und ihrer Organisationen einen mächtigen Damm entgegenzusetzen. Diese Organisation hat sich, wenn auch noch nicht vollständig, so doch bereits in solchem Umfange vollzogen, daß in fast allen, und selbst den schwersten Fällen, die Angriffe der sozialdemokratischen Arbeiter kraftvoll haben zurückgeschlagen werden können. In dieser Richtung wird der Centralverband seine Bestrebungen und seine ernste Arbeit unermüdlich fortsetzen. Er gibt die Hoffnung nicht auf, die bis jetzt noch nicht vollständig erreichte Einigkeit in der Industrie herbeizuführen, und es dahin zu bringen, daß sie sich vollkommen geschlossen der Sozialdemokratie entgegenstellen wird. Dann wird die deutsche Industrie es sein, der es gelingen wird, den Staat, die Gesellschaft, die wirtschaftliche Tätigkeit und den weitaus größten Teil der Arbeiter von dem auf ihnen lastenden Alp der Sozialdemokratie zu befreien.

Abgesehen von der Arbeiterversicherung und dem Arbeiterschutz hat sich der Centralverband fast ununterbrochen mit den

Arbeiterverhältnissen im allgemeinen

beschäftigt. Von der Begründung des Centralverbandes ab war die Erstattung eines umfassenden Berichts seitens der Geschäftsführung in seinen größeren Versammlungen Gebrauch gewesen. In diesen Berichten wurden alle die Arbeiterverhältnisse betreffenden Vorgänge eingehend dargelegt. Diese Berichterstattung führte nicht selten zu lebhaften Erörterungen und weittragenden Beschlüssen.

Nicht nur im Reichstag, sondern wesentlich auch von sozialistisch vorgeschrittenen Vertretern der Wissenschaft war mit zunehmender Dringlichkeit gefordert worden, durch Aenderung der Gewerbeordnung dem Arbeiter bei dem Abschluß des Arbeitsvertrages die volle Gleichberechtigung mit dem ihn beschäftigenden Arbeitgeber zu gewährleisten. Dabei spielte die Berufung auf die englischen Arbeiterverhältnisse, insbesondere auf die Trade Unions, eine große Rolle. Dieser Umstand gab die Veranlassung zur Entsendung einer aus den Fabrikbesitzern Theodor Möller-Brackwede und W. Caron-Rittershausen und den Generalsekretären Dr. Beumer und Bueck bestehenden Kommission nach England zur Untersuchung der dortigen Arbeiterverhältnisse. Die Ergebnisse dieser Untersuchung erschienen 1890 im Verlage von Mitscher und Röstell in Berlin in einem eingehenden Bericht, aus dem hier nur einige Punkte hervorgehoben werden sollen.

Die Kommission hatte mit zahlreichen Unternehmern, Führern der Arbeiter und Arbeitern selbst verhandelt; sie konnte feststellen, daß eine Bewegung im Sinne der deutschen Sozialdemokratie auch unter den englischen Arbeitern vorhanden war, für die, wie überhaupt für den Begriff der Sozialdemokratie, bei den englischen Arbeitgebern nur wenig Verständnis vorhanden war. Für sie war Sozialdemokratie gleichbedeutend mit Staatssozialismus. Nach den furchtbar verheerenden Kämpfen mit ihren Arbeitern in früherer Zeit, glaubten die englischen Arbeitgeber die eingetretene verhältnismäßige Ruhe der Wirksamkeit der Trade Unions zuschreiben zu sollen, mit denen über alle den Arbeitsvertrag betreffenden Vorgänge auf dem Fuße voller Gleichberechtigung verhandelt wurde. Der Kommission war es sehr bald klar geworden, daß durch diese Art der Feststellung der Arbeitsbedingungen, wie durch den Schiedsspruch Unbeteiligter in letzter Instanz, die Stellung der Arbeitgeber immer mehr eingeengt und zurückgedrängt worden war, die Unternehmer unter die Herrschaft der Führer der Trade Unions geraten waren. Es konnte festgestellt werden, daß diese Verhältnisse der englischen Industrie Abbruch getan hatten, und daß zahlreiche Arbeitgeber das Joch der Trade Unions bereits schwer und drückend empfanden. Die Kommission hatte zuerst das Streben der Trade Unions ans Licht gezogen, die Leistung der Arbeiter tunlichst zu beschränken, das sogenannte Ca' canny. Die späteren furchtbar schweren, von den englischen Arbeitgebern, besonders von der Bergwerks- und Maschinenindustrie, zur Abschüttelung des ihnen von den Trade Unions aufgelegten Joches geführten Kämpfe haben die Richtigkeit der Beobachtungen der Kommission erwiesen.

Im Jahre 1890 schickte der Centralverband seinen Geschäftsführer nochmals zu weiteren Ermittelungen über die Arbeiterverhältnisse nach England. Veranlassung hierzu gab der Umstand, daß der Geschäftsführer von dem Präsidium des Vereins für Sozialpolitik — den Kathedersozialisten — aufgefordert worden war, in der Generalversammlung dieses Vereins 1890 in Frankfurt das Korreferat über die Frage des Arbeitsvertrages zu übernehmen. Das erste Referat hatte das Präsidium dem sozialistisch sehr weit vorgeschrittenen Professor Brentano, einem begeisterten Anhänger der englischen Trade Unions, übertragen. Nach der ganzen Stellung dieses Vereins und der Gelehrten, die ihn hauptsächlich bildeten, war die Aufgabe des Geschäftsführers des Centralverbandes wenig dankbar gewesen, obgleich er von dem in England gesammelten Material guten Gebrauch hatte machen können.

Von den Ergebnissen dieser Studienreisen ist später im Reichstage, besonders von dem Abgeordneten Theodor Möller, häufig

Gebrauch gemacht worden, wenn es galt irrtümliche Ansichten über die englischen Arbeiterverhältnisse richtigzustellen und im Zusammenhange damit Angriffe auf die deutschen Arbeitgeber zurückzuweisen.

In der Sitzung des Ausschusses am 11. Juni 1892 wurde vom Geschäftsführer zur Sprache gebracht, daß nach einer am 13. Januar desselben Jahres von dem Staatssekretär des Innern von Bötticher gemachten Mitteilung, von den verbündeten Regierungen eine Kommission für Arbeiterstatistik eingesetzt worden sei. Die Anregung zu dieser Maßregel hatte ein von den Abgeordneten Siegle und Theodor Möller gestellter Antrag gegeben. Nach den Absichten der Antragsteller sollte die Kommission statistische Aufnahmen über die Lage der arbeitenden Klassen, insbesondere über die Arbeitszeit, die Lohnverhältnisse und über die Kosten der Lebenshaltung der Arbeiter in den verschiedenen Berufszweigen bewirken. Der Centralverband hat sich mehrfach mit dieser statistischen Kommission beschäftigt und darüber Klage geführt, daß sie nicht im Sinne der Antragsteller Statistik lieferte, sondern ihre Aufgabe darin erblickte, durch weitgehende Vorschläge im angeblichen Interesse des Arbeiterschutzes die gewerbliche Tätigkeit, zum Nachteil der Arbeiter wie der Arbeitgeber, immer weiter einzuengen.

In demselben Jahre war unter Beteiligung des Handelsministeriums von sieben Vereinen eine Zentralstelle für die Arbeiterwohlfahrtseinrichtungen gebildet worden. Im Centralverbande war gerügt worden, daß die sieben Vereine und die in den Vorstand der Zentralstelle gewählten Personen sich wohl theoretisch mit Arbeiterwohlfahrtseinrichtungen beschäftigt, mit der praktischen Ein- und Durchführung solcher Maßregeln aber nur sehr wenig zu tun gehabt hätten. Alle diejenigen industriellen Kreise, von denen Wohlfahrtseinrichtungen, unter Aufwendung großer Mittel, zum Segen ihrer Arbeiter in sehr weitem Umfange bereits praktisch durchgeführt waren, hatte man zur Beteiligung an der Begründung jener Zentralstelle nicht aufgefordert, sie waren anscheinend geflissentlich übergangen worden. Diese Haltung des Handelsministeriums in dieser Sache wurde im Centralverbande als Geringschätzung der Industrie und deren Interessen aufgefaßt.

Im Reichstage hatten im Herbst 1893 sehr umfangreiche Verhandlungen über den sozialdemokratischen Zukunftsstaat stattgefunden, den der Abgeordnete Richter mit ganz besonders treffenden Ausführungen als Wahnbild charakterisiert hatte. Diese Verhandlungen ließ der Centralverband drucken und in 24 000 Exemplaren verbreiten.

Um die Sozialdemokratie auch in der Presse wirksamer als bisher zu bekämpfen, hat der Centralverband seit dem Jahre 1884 auf seine alleinigen Kosten eine Zeitungskorrespondenz, die „Neue Reichskorrespondenz" herausgegeben, die wöchentlich dreimal an über 900 Zeitungsverleger kostenfrei verschickt wird.

Die Bewegung in den Arbeiterkreisen, besonders die Sozialdemokratie, ihre Agitation, ihre Ausbreitung und namentlich die von ihr durch Ausstände hervorgerufenen Störungen der Arbeit sind bis in die neueste Zeit vom Centralverbande scharf beobachtet worden. Er hat sich ferner mit allen im Reichstage eingebrachten, das Arbeitsverhältnis betreffenden Gesetzentwürfen und Anträgen, wie mit den über sie geführten Verhandlungen beschäftigt. Niemals ist versäumt worden den Mitgliedern des Centralverbandes über die einzelnen Vorgänge durch Vorträge in den Versammlungen und durch die Hefte der „Verhandlungen, Mitteilungen und Berichte" Kenntnis zu geben.

Wie den Arbeiterfragen, so hat der Centralverband in Verfolgung der ihm vorgezeichneten Zwecke, den

industriellen Verhältnissen im allgemeinen

die sorgfältigste Aufmerksamkeit zugewendet. Nicht selten kam es vor, daß durch Verordnungen der maßgebenden Behörden die Interessen einzelner Industrien verletzt wurden. Mit allen solchen Fällen hat sich der Centralverband, nach eingehender Klärung des Sachverhaltes, beschäftigt, und es ist ihm häufig gelungen die Schädigungen abzuwenden. Die von dem Centralverbande entweder auf Verlangen der betreffenden Behörde oder aus eigener Initiative abgegebenen Gutachten, Denkschriften und Berichte über die allgemeine Lage der Industrie, insbesondere über die Einwirkung handels- oder sozialpolitischer Maßnahmen oder solcher auf dem Gebiete des Verkehrswesens auf die Industrie, haben wesentlich zur Information der maßgebenden Kreise beigetragen. Der Centralverband ist ferner bestrebt gewesen bei allgemeinen Mißständen und Notlagen, die irrtümlich oder böswillig der Industrie zur Last gelegt wurden, aufklärend zu wirken, in gegebenen Fällen aber auch für Abhilfe zu sorgen. Als Beispiel sei hier an die durch den Ausstand der Arbeiter in Böhmen und Sachsen im Jahre 1900 entstandene Knappheit der Kohle erinnert. Sie wurde zur Kohlennot aufgebauscht und von den Gegnern des Kohlensyndikats diesem zur Last gelegt. Der Centralverband hat wesentlich dazu beigetragen, die wirklichen Ursachen der Kohlenknappheit darzulegen und die Gemüter zu beruhigen. Er hat damals auch bei der Königlichen Staatseisenbahnverwaltung Maßnahmen befürwortet zur Abhilfe tatsächlicher Verlegenheiten, die vereinzelt vorgekommen waren.

Eine recht erfolgreiche vermittelnde Tätigkeit hat der Centralverband auch ausgeübt, als zwischen großen Gruppen der Industrie und den Feuerversicherungsgesellschaften, die doch aufeinander angewiesen sind, ernste Meinungsverschiedenheiten entstanden waren.

Im Interesse der Industrie hat sich der Centralverband auch vielfach mit Maßregeln zur

Förderung der Ausfuhr

beschäftigt. So haben, auf Anregungen von verschiedenen Seiten, mehrfach Verhandlungen über die Errichtung von Ausfuhrmusterlagern stattgefunden; sie hatten jedoch wegen der Abneigung weiter industrieller Kreise, sich an derartigen Veranstaltungen zu beteiligen, zu greifbaren Ergebnissen nicht geführt.

In Erkenntnis der großen Bedeutung des Konsulatswesens für den auswärtigen Handel beschäftigte der Centralverband sich mit demselben in der Delegiertenversammlung vom 7. Mai 1883. Die Verhandlungen zeigten, daß die bestehenden Einrichtungen für den so wesentlich gesteigerten internationalen Verkehr von der Industrie nicht mehr für ausreichend erachtet wurden. Als Mangel wurde die verhältnismäßig geringe Zahl der Berufskonsuln bezeichnet und hinsichtlich vieler dieser die ungenügende praktische und volkswirtschaftliche Vorbildung für ihren Beruf. Hierin glaubte man auch die Ursache für die vielfach dürftige Berichterstattung erblicken zu sollen. In den von der Versammlung gefaßten Beschlußanträgen wurden die mit Bezug auf die Besserung der vorerwähnten Uebelstände geäußerten Wünsche zusammengefaßt und der Regierung unterbreitet. Sie bezogen sich auf die Erweiterung des Instituts der Berufskonsuln, auf deren Vorbildung, auf die fortlaufenden informatorischen Beziehungen mit den heimischen Verhältnissen und auf die Berichterstattung. Die Versammlung hatte besonders verlangt, daß den deutschen Botschaftern und den wichtigsten Gesandtschaften in der Praxis volkswirtschaftlich vorgebildete Sachverständige zugeteilt werden möchten. Das ist bekanntlich zum großen Vorteil für den auswärtigen Handel Deutschlands geschehen.

Ein von dem Centralverbande der Wollwarenfabrikanten gestellter Antrag gab dem Direktorium des Centralverbandes Veranlassung, über die Errichtung deutscher Handelskammern im Auslande Gutachten von hervorragenden deutschen Firmen in Argentinien, Brasilien, China, Japan, in der Türkei und in England einzuholen. In diesen Berichten wurde die Errichtung von Handelskammern im Auslande nicht für zweckmäßig erachtet. Da die von Frankreich im Auslande errichteten Handelskammern, nach Angabe französischer Zeitungen — z. B. „Temps“ vom 4. Dezember 1892 — nur ein kümmerliches Dasein fristeten, so beschloß das Direktorium am 4. Februar 1893, die Frage zurückzustellen, bis von den Deutschen im Auslande selbst Anträge auf Errichtung von deutschen Handelskammern an ihren Plätzen vorliegen würden.

Infolge einer von der Regierung ausgegangenen Anregung beschloß der Centralverband die Herausgabe eines Adreßbuches deutscher Exportfirmen. Dieses Werk wurde unter der Führung des Geschäftsführers des Centralverbandes zusammen mit den Geschäftsführern des wirtschaftlichen Vereins in Düsseldorf, des Vereins deutscher Eisen- und Stahlindustrieller und des deutschen Handelstages bearbeitet und herausgegeben. Es erschien in vier starken Bänden, reich mit Illustrationen ausgestattet, der Text in vier Sprachen. Das Werk wurde allen deutschen politischen Vertretungen im Auslande und allen Schiffen der die Verbindung mit dem Auslande regelmäßig unterhaltenden deutschen Dampferlinien kostenfrei geliefert. Im Jahre 1897 erschien eine ebenso behandelte zweite Auflage dieses Adreßbuches deutscher Exportfirmen.

Der gute Erfolg dieses Unternehmens veranlaßte den Centralverband die Herausgabe eines Industrieanzeigers in den Landessprachen für Japan und China ins Auge zu fassen; sie wurde einer Buchhandlung in Bremen übergeben. Als der Chef dieser Firma es für notwendig erachtete, zur Information über die betreffenden Verhältnisse jene Länder persönlich zu besuchen, wurde ihm vom Centralverbande ein erheblicher Beitrag zu den Kosten der Reise gewährt. Dieses Unternehmen wurde fortlaufend vom Centralverbande unterstützt durch die wiederholten Empfehlungen bei seinen Mitgliedern, ihm in möglichst großem Umfange Anzeigen zuzuweisen.

Nach dem Abschluß des Handelsvertrages mit Rußland war es als notwendig erkannt worden, dort Stimmung für deutsche Industrieerzeugnisse zu machen. In dieser Beziehung kraftvoll vorzugehen erschien mit Rücksicht auf die eifrige Tätigkeit der Engländer in der russischen Presse erforderlich. Zum Zwecke der Förderung des Absatzes deutscher Waren in Rußland wurde in Petersburg eine neue Zeitung „die Technik der Gegenwart" begründet. Der Centralverband beteiligte sich dabei mit einem für seine Mittel sehr bedeutenden Betrage.

Aus einer Besprechung von Vertretern des Reichsamtes des Innern und des Handelsministeriums mit dem Geschäftsführer des Centralverbandes ging die Niedersetzung eines Komitees für die Entsendung einer Kommission von kaufmännischen und technischen Sachverständigen nach China und Japan hervor. Sie sollte möglichst genaue Untersuchungen über die Produktion und den Verbrauch von Industrieerzeugnissen in jenen Ländern und über die Befriedigung des Bedarfes vom Auslande anstellen. Das Komitee, dessen Geschäfte von der Geschäftsführung des Centralverbandes besorgt wurden, betrieb die Sache so erfolgreich, daß die von 9 Sachverständigen gebildete Kommission bereits im Februar 1897 die Ausreise antreten konnte. Sie hat, abgesehen von der Zeit der Hin- und Rückfahrt, zehn Monate für die Erfüllung ihrer Aufgabe verwendet und sehr wertvolle Einzelberichte geliefert. Ein abschließender Gesamtbericht ist nicht erschienen, da der besonders zur Abfassung eines solchen Berichtes der Kommission beigegebene Berichterstatter sich später der Erfüllung seiner Aufgabe entzog. Eine reiche Mustersammlung von in jenen Ländern hergestellten und vom Auslande bezogenen Industrieerzeugnissen, von Rohstoffen, Halbfabrikaten und Fertigerzeugnissen wurde zuerst im Reichstage in Berlin und dann an den bedeutendsten Industrieplätzen Deutschlands ausgestellt.

Es sei hier gleich bemerkt, daß der Centralverband im Jahre 1902 zwei Sachverständige zur Anstellung ähnlicher Untersuchungen nach Südafrika, und im Jahre 1904 einen Sachverständigen nach Südbrasilien geschickt hatte. Die über die Ergebnisse ihrer Untersuchungen und Beobachtungen vom Centralverbande herausgegebenen Berichte haben in industriellen und auch in anderen Kreisen lebhaftes Interesse hervorgerufen.

Wegen der von den Konsuln der Vereinigten Staaten den deutschen Industriellen bei Verifizierung der Fakturen bereiteten Schwierigkeiten und wegen der Zollschikanen bei der Einfuhr in die Vereinigten Staaten hat sich der Centralverband mehrmals beschwerdeführend an den Reichskanzler gewandt, wesentliche Erfolge damit jedoch nicht erzielt. Ebenso hat er Vorstellungen wegen der Erschwernisse an die Regierung gerichtet, die den deutschen Handelsreisenden in Schweden und Norwegen und in Rußland bereitet wurden. In Rußland sind die erschwerenden Bestimmungen durch den neuen Handelsvertrag wesentlich gemildert worden.

Auf die 1896 erfolgte Anregung des Aeltesten-Kollegiums der Kaufmannschaft in Berlin betreffend die Bildung eines Vereins behufs Förderung und Unterstützung der Ansiedlung junger deutscher Kaufleute und Techniker im Auslande war der Centralverband sofort bereitwillig eingegangen. Die Sache stieß aber auf Widerstand bei den Hansestädten und wurde daher vom Aeltesten-Kollegium aufgegeben.

Im Jahre 1899 hatte der „Bund der Industriellen" den Centralverband aufgefordert, sich bei der Errichtung eines Reichshandelsmuseums und einer Reichshandelszentralstelle zur Erteilung von Auskünften über Handels- und Absatzverhältnisse im Auslande zu beteiligen. Eine Umfrage bei den Mitgliedern des Centralverbandes ergab, daß für das Museum nur sehr wenig Interesse vorhanden war; bezüglich der Zentralstelle waren die Ansichten geteilt. Daher beteiligte sich der Centralverband durch zwei Delegierte an dem vom Bunde der Industriellen gebildeten Komitee und leistete auch einen Beitrag zur Bestreitung der Kosten. Ein Ergebnis ist bisher nicht erzielt worden.

Die früher häufigen, seit Jahren regelmäßig vom Reichsamt des Innern im Auftrage des Reichskanzlers und vom Handelsministerium dem Centralverbande zugehenden Mitteilungen sind von diesem regelmäßig und mit großer Sorgfalt den Kreisen der Interessenten unter seinen Mitgliedern zugänglich gemacht worden.

Endlich sei hier auf die Stelle zur Auskunft in Zoll- und Verkehrsangelegenheiten verwiesen, die vom Centralverbande als besondere Abteilung der Geschäftsführung errichtet worden ist. Sie steht unter der Leitung eines wissenschaftlich gebildeten, auf diesem Gebiete erfahrenen Beamten und erteilt Auskunft über alle die Zölle und Handelsverträge betreffenden Verhältnisse des In- und Auslandes, wie über die Tarife der deutschen Eisenbahnen und Schiffahrtslinien.

Im Rahmen dieser Tätigkeit lag auch die Aufmerksamkeit, die der Centralverband, den

industriellen Kartellen und Syndikaten

zuwendete. Im Centralverbande war die Notwendigkeit des Zusammenschlusses der Industrie erkannt worden, nicht nur zur Organisation des Absatzes ihrer Erzeugnisse, sondern auch zur Organisation der Arbeit selbst. Man war überzeugt, daß es nur einer derart organisierten Industrie gelingen könne, die immer größeren, besonders durch die industrielle Entwickelung in den Vereinigten Staaten hervortretenden Schwierigkeiten im Wettbewerb auf dem Weltmarkt zu überwinden. Daher hat der Centralverband es für seine Aufgabe erachtet, die von freihändlerischer und sozialistischer Seite fortdauernd scharf angegriffenen industriellen Organisationen, die Konventionen, Kartelle und Syndikate zu vertreten, sie, soweit es mit Berechtigung geschehen konnte, zu verteidigen und deren Fortbildung zu fördern. Zu diesem Zweck hat der Centralverband eine zweite besondere Abteilung in seiner Geschäftsführung für das Kartellwesen und eine besondere Vereinigung dieser Organisationen zur Wahrung, Vertretung und Förderung ihrer Interessen gebildet. Das Organ des Centralverbandes, die „Deutsche Industrie-Zeitung" wendet dem Kartellwesen ganz besondere Aufmerksamkeit zu.

In Bezug auf einzelne die Industrie betreffende Fragen ist zunächst die Beschäftigung mit dem Gesetze über den

Patent- und Musterschutz

hervorzuheben. Die Patentgesetzgebung in Deutschland war höchst mangelhaft. Die zur Herrschaft gelangte Lehre des Manchestertums verwarf überhaupt jeden Patentschutz. Sofort nach seiner Begründung hatte der Centralverband sich für die Notwendigkeit eines wirksamen Gesetzes ausgesprochen. Er hatte seine Mitglieder aufgefordert, sich zu dieser bedeutungsvollen Frage gutachtlich zu äußern. Das Ergebnis dieser Enquete wurde in der Delegiertenversammlung vom 29. September 1876 erörtert. Der Centralverband beschäftigte sich besonders mit der Frage, ob im Streitfalle die Entscheidung den ordentlichen Gerichten oder einem Patentamt zu überweisen sei. Die Versammlung sprach sich dafür aus, daß in Streitfällen die ordentlichen Gerichte die erste Instanz bilden sollten. Als zweite Instanz sollte eine aus den höchsten Gerichtsbehörden des Reiches im Verein mit dem Sachverständigenkollegium des Patentamtes gebildeter Patenthof entscheiden.

Inzwischen hatte ein frei gebildeter Patentschutzverein in dreijähriger ernster Arbeit den Entwurf zu einem Patentgesetz ausgearbeitet und in Wort und Schrift eine lebhafte Agitation für den Patentschutz betrieben. In seiner Ausschußsitzung vom 15. und 16. Februar 1877 erklärte sich der Centralverband im großen und ganzen mit dem Entwurf des Patentschutzvereins einverstanden. Das neue, den Patentschutz betreffende Gesetz war am 25. Mai 1877 veröffentlicht worden. In der Ausschußsitzung vom 11. und 12. Februar 1884 bestellte der Centralverband eine Kommission zur Prüfung der Frage, ob sich die deutschen Patentgesetze und das Muster- und Markenschutzgesetz bewährt hätten, oder ob Abänderungen erwünscht seien. In diese Kommission wurden hervorragende Sachverständige berufen.

Nachdem diese Kommission die erforderlichen Vorarbeiten geliefert hatte, wurde die Frage der Reform des Patentwesens in der Ausschußsitzung am 19. September 1886 weiter behandelt. Die Referate befanden sich in den Händen ausgezeichneter Sachkenner, des Oberbürgermeisters André-Chemnitz, der Industriellen Dr. Martius-Berlin und Kommerzienrat Eugen Langen-Köln. Die Schwierigkeit der Materie wie die noch vorhandenen Gegensätze veranlaßten die Versammlung das Direktorium zu beauftragen, eine neue Kommission für die Reform des Patentgesetzes, später auch des Muster- und Markenschutzgesetzes zu bilden.

Die Regierung hatte den Centralverband aufgefordert Sachverständige für die vom Bundesrat in Aussicht genommene Enquetekommission zur Revision des Patentgesetzes vorzuschlagen. Dies geschah in derselben Versammlung des Ausschusses.

Die neue Kommission des Centralverbandes war am 26. Oktober 1886 in Hannover zusammengetreten. Ihren Beratungen lagen die vom Bundesrat aufgestellten Fragen zu Grunde. Der Bericht dieser Kommission an das Direktorium wurde veröffentlicht in dem Heft 35 der Verhandlungen pp. des Centralverbandes; er umfaßte 105 Druckseiten.

Dieser Bericht lag der Beratung des Ausschusses in der Sitzung vom 9. März 1887 zu Grunde nebst einem besonderen Referat des Kommerzienrat Langen. Dieser verwies darauf, daß, dem Vernehmen nach, die Reichsregierung mit der Ausarbeitung eines die Abänderung des Patentgesetzes betreffenden Gesetzentwurfes beschäftigt sei. Der Referent war der Ansicht, daß es vor Kenntnis des Inhaltes dieses Entwurfes nicht zweckmäßig sein dürfte neue Anträge zu stellen. Er erachtete es jedoch für geboten, daß der Centralverband an seinen früheren Vorschlägen festhalte, durch welche dem Stand der Ingenieure nicht geschadet werde. Der Centralverband hatte im wesentlichen verlangt: Die Ausführung der

Erfindung vor der Patenterteilung, die Einführung eines provisorischen Schutzes und die persönliche Legitimation des Nichtigkeitsklägers durch eine eigene Vorausführung.

Im übrigen war er der Ansicht, daß der mangelnde Patentschutz und die unrichtige Behandlung der Patentsachen seitens des Patentamtes zum größten Teile auf die Handhabung des Gesetzes und weniger auf einzelne Bestimmungen desselben zurückzuführen seien. Daher waren die Vertreter des Centralverbandes in der von der Regierung einberufenen Enquete-Kommission von Sachverständigen mit Erfolg bestrebt gewesen, Vorschläge für eine dem Zweck mehr entsprechende andere Organisation des Patentamtes zu machen.

Der Ausschuß faßte folgenden Beschluß: „Der Centralverband hält seine zur Frage des Patentschutzes gefaßten prinzipiellen Beschlüsse aufrecht und wird vor weiterer Behandlung der Sache die Vorlage abwarten, die von den verbündeten Regierungen behufs Aenderung des Patentgesetzes vorbereitet wird.“

Seitens der Regierung wurde aber vorläufig ein Entwurf nicht gemacht. Erst in der Sitzung des Reichstages vom 20. November 1889 kündigte der Staatssekretär des Innern von Bötticher einen solchen für die nächste Session des Reichstages an.

Nachdem die Novelle zum Patentgesetz erschienen war, trat die Kommission des Centralverbandes am 26. November 1890 zusammen. Die früher geäußerten Wünsche des Centralverbandes waren in der Novelle nur zum Teil berücksichtigt worden; die Kommission beschloß an dem früheren Standpunkte des Centralverbandes festzuhalten. Zu der auf den 1. Dezember anberaumten Konferenz für den Schutz des gewerblichen Eigentums wurden vom Centralverbande Delegierte entsandt.

Die Novelle zum Patentgesetz wurde am 7. April 1891 als Gesetz verkündet. Ein ausführlicher Bericht über die Bestimmungen dieses neuen Gesetzes wurde den Mitgliedern des Centralverbandes in Heft Nr. 55 erstattet. Auch mit dem Muster- und Markenschutzgesetz hat sich der Centralverband mehrfach beschäftigt, unter anderem in der Delegiertenversammlung vom 29. April 1898, die, nach sehr eingehender Berichterstattung und Verhandlung, eine von der Handelskammer Nürnberg befürwortete Abänderung der Bestimmungen über die Kollektivbezeichnungen von Waren in dem zum Warenverzeichnis gehörenden Verzeichnisse als den Interessen der Fabrikanten wie der Händler entgegenstehend zurückgewiesen hatte.

Für den Absatz des auf Anregung der Regierung von einer Buchhandlung herausgegebenen Verzeichnisses der im Reiche geschützten Warenzeichen war der Centralverband bereits 1883 bei seinen Mitgliedern eingetreten.

Mit der Neuregelung des Patentanwaltswesens hatte sich der Centralverband im Jahre 1899 beschäftigt. Unter dem 29. April hatte das Direktorium eine Eingabe an den Bundesrat gerichtet, in welcher es diesen ersuchte, dem ihm vorgelegten Gesetzentwurf betreffend die Patentanwälte seine Genehmigung nicht zu erteilen. Die Eingabe ist im Heft Nr. 83 abgedruckt.

In jüngster Zeit hat der Centralverband abermals eine Rundfrage an seine Mitglieder wegen des Patentschutzes gerichtet.

Auch zu den

Ausstellungen

hat der Centralverband zu verschiedenen Zeiten Veranlassung gehabt Stellung zu nehmen. Bereits in der ersten Delegiertenversammlung in Bremen am 29. und 30. September 1876 beschäftigte ihn die Frage, welche Maßnahmen die deutsche Industrie zu ergreifen habe, um auf der für das Jahr 1878 in Paris geplanten Ausstellung würdig vertreten zu sein.

Im Laufe der Zeit waren nicht wenige Projekte, teils von einzelnen unberufenen Personen, teils von inländischen oder ausländischen Vereinigungen für die Veranstaltung von Ausstellungen aufgetaucht. Eigentümlich an diesen Projekten war, daß die Veranstalter es meistens nicht für nötig erachtet hatten, diejenigen zu befragen, von deren Mitwirkung das Zustandekommen einer Ausstellung doch zumeist abhängig ist, nämlich die Industriellen. Bei diesen, besonders bei den Vertretern der Großindustrie, hatte sich nach den großen internationalen Ausstellungen in Paris eine recht erhebliche Ausstellungsmüdigkeit eingestellt. Sie waren zu der Ueberzeugung gekommen, daß die großen, für die Ausstellungen gebrachten Opfer die erwarteten Erfolge nicht gebracht hatten. Dieser Stimmung entsprach die Haltung des Centralverbandes in den 80er und 90er Jahren den verschiedenen Ausstellungsprojekten gegenüber. Es handelte sich um Ausstellungen in London, Barcelona, Antwerpen, Chicago und Berlin. In den meisten Fällen lehnte der Centralverband es ab, bestimmte Stellung einzunehmen; er überließ es vielmehr seinen Mitgliedern, nach ihren speziellen Interessen zu handeln.

Der Plan im Jahre 1888 eine nationale Ausstellung in Berlin zu veranstalten, war wohl hauptsächlich an dem großen Widerstande der Industrie gescheitert. Darauf setzte eine lebhafte Agitation gewisser Berliner Kreise für die Veranstaltung einer internationalen Ausstellung in Berlin ein, die im Jahre 1895 oder 1896 stattfinden sollte. Der Centralverband lehnte es ab, Stellung zu diesem Plane zu nehmen, bevor von den Veranstaltern nicht Garantien für die Aufbringung der erforderlichen Mittel gegeben worden seien. Auch diese Ausstellung kam nicht zu stande, wohl hauptsächlich weil die Regierung mit äußerstem Drucke für die Beschickung der Ausstellung in Chicago 1893 eingetreten war.

Bei der internationalen Ausstellung in Paris 1899 hatten sich einige deutsche Industrien mit außergewöhnlichem Erfolg, die große Eisen- und Stahlindustrie jedoch nur verhältnismäßig gering beteiligt, weil der zur Verfügung gestellte Raum nur für eine Kollektivausstellung genügt hätte, diese aber für die Darstellung der Leistungsfähigkeit der großen Werke nicht für ausreichend erachtet worden war.

Um der Welt zu zeigen, daß die deutsche Eisen- und Stahlindustrie und der deutsche Maschinenbau, daß die deutsche Industrie überhaupt keinen Wettbewerb zu scheuen habe, wurde von den rheinisch-westfälischen Industriellen für diese beiden Provinzen und die benachbarten Bezirke für das Jahr 1902 eine Ausstellung in Düsseldorf geplant, ein Plan, der auch im Centralverband mit freudiger Zustimmung begrüßt worden war. Auf dem Gebiete der Montan-, der Eisen- und Stahl- und der Maschinenindustrie ist ähnliches noch auf keiner Ausstellung der Welt geleistet worden, wie auf dieser Ausstellung in Düsseldorf. Auch die anderen Industrien jener industriereichen Provinzen waren nicht zurückgeblieben.

So hatte jene Ausstellung in jeder Beziehung einen durchschlagenden Erfolg und den Männern, von denen sie geplant und opferwillig durchgeführt worden war, wurde mit Recht ein großes Verdienst um die gesamte deutsche Industrie und das Vaterland allgemein zuerkannt.

In Vertretung der gesamten Interessen der Industrie konnte es nicht fehlen, daß der Centralverband auch dem

gewerblichen Unterrichtswesen

seine Aufmerksamkeit zuwendete. Es war dies bereits geschehen in der ersten Delegiertenversammlung am 29. und 30. September 1876 in Bremen durch den Beschluß, eine Schrift „Was können und sollen Gewerbe, Ackerbau und Handel zur Hebung von der Schule fordern" von dem Oberlehrer Dr. H. Beck herauszugeben und zu verbreiten.

Mit dem gewerblichen Unterrichtswesen im besonderen beschäftigte sich die vierte in Düsseldorf abgehaltene Generalversammlung des Centralverbandes am 12. September 1880. Von dem Referenten war, unter anderem, die Ansicht vertreten worden, daß die Frage der gewerblichen Ausbildung nur gelöst werden könne im Zusammenhange mit der allgemeinen Schulbildung. Von diesem Gesichtspunkte ausgehend hatte er eine Reihe von Leitsätzen aufgestellt, zunächst mit Bezug auf die Schulen zur Förderung der allgemeinen Bildung und sodann im Hinblick auf die Fachschulen. Der Referent hatte am Schlusse seines Berichts ausdrücklich bemerkt, daß er seine Leitsätze nicht eingebracht habe in der Erwartung, daß sie von der Generalversammlung eingehend würden erörtert werden könnten. Er habe vielmehr lediglich bezweckt die Gesichtspunkte aufzustellen, die den weiteren Beratungen im Centralverband zu Grunde zu legen wären. Solche Beratungen würden zweckmäßig in einer Kommission weiter zu führen sein. In diesem Sinne wurden von der Generalversammlung Anträge angenommen, in denen zunächst das Bedürfnis der Industrie betont wurde, bei der Ordnung des Schulwesens in höherem Maße als bisher auf die Heranbildung tüchtiger Meister für das Gewerbe und für die Großindustrie Bedacht zu nehmen. Sodann erklärte sich die Generalversammlung gegen jede Beschränkung der Volksschulen; sie hielt jedoch die Einschiebung und weitere Entwicklung mehrklassiger Bürgerschulen, als Zwischenglied zwischen der Volksschule und den höheren Bildungsanstalten, sowie die Errichtung von Fachschulen auf der Grundlage der von der Volksschule erteilten Bildung für dringend geboten. Durchdrungen von der großen wirtschaftlichen Bedeutung des Schulwesens beschloß die Versammlung weiter die Bestellung einer Kommission, der die Leitsätze des Referenten und ihre Beschlüsse zur weiteren Behandlung überwiesen wurden. In die Kommission wurden, außer den Referenten und hervorragenden Industriellen, noch gewählt Realschuldirektor Dr. Böttcher-Königsberg, Professor Dr. Lothar Bucher-Tübingen, Stadtbaurat Stübben-Köln und Professor Undeutsch-Bonn.

Die Kommission legte ihre umfangreichen Arbeiten in eingehender mündlicher Berichterstattung dem Ausschuß und der Versammlung der Delegierten vor, die am 17. und 18. September 1882 in Nürnberg abgehalten wurde. Sie hatte, nach sorgfältiger Hervorhebung der allgemeinen Gesichtspunkte, dem Centralverband empfohlen, sich zunächst nicht mit den höheren allgemeinen Bildungsanstalten, auch nicht mit den technischen Hochschulen zu beschäftigen. Dagegen empfahl sie zu erklären, daß die Erhaltung und Vermehrung der sogenannten technischen Mittelschulen, die den Anspruch erheben, ihren Zöglingen eine höhere technische Ausbildung zu geben, dabei aber nur den Grad der allgemeinen Bildung voraussetzen, der zum einjährigen Militärdienst notwendig ist, die sich aber meistens noch mit geringeren Vorkenntnissen begnügen, kein wirtschaftliches Bedürfnis sei.

Die Ausbildung der wissenschaftlich geschulten Techniker sollte ausnahmslos auf der Grundlage möglichst bester allgemeiner Bildung nur auf den technischen Hochschulen gewonnen werden. Die Kommission schlug weiter vor, die Begründung von Meisterschulen für ein dringendes Bedürfnis zu erklären, Lehranstalten, in denen Arbeiter, nach praktischer Ausbildung in der Werkstatt, zu Arbeitern ersten Ranges und zu Meistern herangebildet würden. Die Kommission wurde beauftragt, sich mit der Organisation derartiger Lehranstalten zu beschäftigen und darüber zu berichten. Einem Mitgliede der Kommission wurde besonders die Bearbeitung der Frage zugewiesen, wie die Mittel für die bessere Ausgestaltung des gewerblichen Unterrichtswesens zu beschaffen seien.

Dieselben Fragen wurden auf der Grundlage der weiteren Anträge der Kommission in der Delegiertenversammlung in Stuttgart am 5. und 6. September 1883 behandelt. Hinsichtlich des niederen gewerblichen Unterrichtswesens hatte sich die Kommission für die Errichtung gewerblicher Vorschulen, Lehrlingsschulen, Meister- und Fachschulen und für eine bessere Ausbildung des Fortbildungsschulwesens ausgesprochen und deren Einrichtung und Zwecke in eingehenden Leitsätzen festgelegt. Mit den Vorschlägen der Kommission erklärte sich die Versammlung einverstanden. Die Arbeiten der Kommission und die im Centralverbande über das Unterrichtswesen geführten Verhandlungen sind in den Heften 12, 15, 17, 22 und 25 abgedruckt.

In wieweit diese Arbeiten des Centralverbandes Einfluß auf die Gestaltung des Unterrichtswesens ausgeübt haben, ist nicht festzustellen; mit gutem Recht kann aber darauf hingewiesen werden, daß der Centralverband damals die Wege bezeichnet hat, in denen die Entwickelung später vorgeschritten ist. So ist besonders die große Lücke zwischen der Volksschule und den höheren Bildungsanstalten, den Gymnasien und höheren Realschulen, durch die Einschiebung der sechsklassigen Bürgerschulen bereits in weitem Umfange ausgefüllt worden. Seit jener Zeit ist auch, besonders in Preußen, das mit seinem gewerblichen Unterrichtswesen sehr im Rückstande geblieben war, recht viel auf dem Gebiete der Fach- und Meisterschulen und des Fortbildungsschulwesens geschehen.

Die Bestrebungen des ersten Reichskanzlers, das neu errichtete Deutsche Reich auch durch die Einheitlichkeit im Eisenbahnwesen zu festigen, hatten nicht zum Ziele geführt werden können. Die Eisenbahnen waren in den Besitz der Einzelstaaten übergegangen. Daher wurde die Eisenbahnfrage auch mehr Sache der Einzelstaaten, in denen sie zur Erörterung und Erledigung gelangten. Trotzdem hat der Centralverband sich zeitweise sehr eingehend mit dem

Verkehrswesen

beschäftigt. Zur Zeit seiner Begründung herrschte noch das sogenannte gemischte System; die Mehrzahl der Eisenbahnen befand sich in den Händen privater Gesellschaften. Bekanntlich waren diese der großen Aufwärtsbewegung in den ersten 70er Jahren mit einer 20 prozentigen Tariferhöhung nachgehinkt, als das Wirtschaftsleben bereits einem tiefen Niedergang verfallen war. Daher war es naheliegend, daß der Centralverband sich schon in seiner mehrerwähnten ersten Delegiertenversammlung in Bremen mit der 20 prozentigen Tariferhöhung beschäftigte. Es stand dort ferner die Einführung des Einpfennigtarifs und die Beschränkung der Differenzialtarife auf der Tagesordnung. Die Versammlung sprach sich für eine allgemeine Ermäßigung der Eisenbahnfrachtsätze aus und verlangte ferner, daß die Begünstigung der ausländischen Produktion gegenüber der deutschen durch die Differenzialtarife aufhören und daß der 20 prozentige Zuschlag fortfallen möge.

Die Einverleibung Elsaß-Lothringens mit seinen Eisenbahnen hatte den Anlaß zu einer vollständigen Umgestaltung der deutschen Eisenbahntarife gegeben. Mit dem neuen Tarifschema, das der Industrie zu sehr ernsten Bedenken Veranlassung gegeben hatte, beschäftigte sich der Ausschuß in seiner Sitzung am 15. und 16. Februar 1876 (Heft 4) und die Generalversammlung am 20. bis 23. Februar 1878 (Heft 7). Besonders wurde die Einführung einer zweiten ermäßigten Stückgutklasse, die Revision der Listen der in die Spezialtarife eingereihten Güter und die Aufhebung des letzten Restes der 20prozentigen Tarifzuschläge verlangt. Es sollten auch Erhebungen über die Wirkung des neuen Tarifs angestellt werden. Die Regierung wie die Eisenbahnen waren nur wenig geneigt, den Forderungen der Industrie entgegenzukommen. Daher wurde vom Centralverbande in der dritten Generalversammlung am 22. bis 24. September 1879 in Augsburg der Erlaß eines die Aufsicht des Reiches über das gesamte Eisenbahnwesen regelnden Eisenbahngesetzes, die Errichtung von besonderen Eisenbahnräten sowie eines Eisenbahnschiedsgerichts verlangt.

Die Erledigung der großen grundlegenden Tarifreform, wie der Verkehrsfragen im Anschluß an besondere Vorkommnisse und Verhältnisse im Eisenbahnwesen und an die aus einzelnen industriellen Kreisen hervortretenden Wünsche, haben den Centralverband unausgesetzt beschäftigt. Das rechnerisch zwar schwer nachzuweisende

Mißverhältnis, nach welchem zu den Ueberschüssen der Eisenbahnen der Personenverkehr fast nichts beiträgt, sondern diese Ueberschüsse lediglich vom Güterverkehr aufgebracht werden, war doch allgemein bekannt. Es veranlaßte den Centralverband, so oft auch die Frage angeregt wurde, sich gegen die Ermäßigung der Personentarife auszusprechen, dagegen die Herabsetzung der Gütertarife zu verlangen, deren Höhe wie eine Verkehrssteuer wirke. Diese Verhältnisse nötigten den Centralverband auch, sich mit den Ueberschüssen namentlich der preußischen Eisenbahnen zu beschäftigen.

Unbilligkeiten bei der Herstellung und Unterhaltung der Anschlußgeleise, wie hinsichtlich des Betriebes auf denselben, gaben dem Centralverbande mehrfach Veranlassung für die Interessen, besonders der Montan- und Zuckerindustrie einzutreten.

Für die Beseitigung des zu gewissen Jahreszeiten fast regelmäßig, zuweilen, wie zuletzt im Herbst 1905, in großem Umfange auftretenden, besonders die sogenannten schweren Industrien schädigenden Wagenmangels ist der Centralverband wiederholt energisch eingetreten. In dieser Sache hatte der Geschäftsführer noch im letzten Herbst eine längere Unterredung mit dem inzwischen leider zu früh verstorbenen Minister der öffentlichen Arbeiten, die Veranlassung zu einem erläuternden Rundschreiben an die Mitglieder gegeben hat. Hinsichtlich der Sonderinteressen einzelner Industrien sei das wiederholte kräftige Eintreten des Centralverbandes für eine Ermäßigung der Tarife auf rohe Baumwolle von Bremen nach den deutschen Spinnereibezirken hier erwähnt. Der nach jahrelangen Verhandlungen erreichte Erfolg ermöglichte erst die kraftvolle Entwickelung eines inländischen Marktes für Baumwolle durch die Baumwollbörse in Bremen, wodurch die deutschen Baumwollspinner unabhängig von den englischen Märkten gemacht wurden.

Die im Jahre 1891 eingebrachten Gesetzentwürfe betreffend das Telegraphenwesen des Deutschen Reiches und die elektrischen Anlagen wurden im Centralverbande ernst geprüft und es wurden die im Interesse der Industrie liegenden Aenderungen in eingehenden Beschlußanträgen bezeichnet und der Regierung warm empfohlen. Auch das internationale Abkommen über den Eisenbahnfrachtverkehr ist mehrfach Gegenstand der Verhandlungen im Centralverbande gewesen. Der Centralverband ist auch zu verschiedenen Malen von den Eisenbahnbehörden aufgefordert worden, sich über die Erstellung direkter Tarife, besonders nach dem Auslande, gutachtlich zu äußern.

Die äußerst dankenswerte Absicht der Regierung, die Ausfuhr Deutschlands nach Ostasien und Australien durch die Errichtung regelmäßiger, erstklassiger, vom Reiche finanziell unterstützter Dampferlinien zu fördern, stieß in jedem Stadium der Durchführung und weiteren Entwickelung auf den schwer zu überwindenden Widerspruch der verkehrs- und industriefeindlichen Parteien im Reichstag. In diesem unerfreulichen Kampfe war der Centralverband wiederholt und energisch bestrebt gewesen, die Regierung zu unterstützen. Uebrigens hatte der Centralverband sich bereits früher für derartige Maßregeln, so für eine staatlich unterstützte Dampferverbindung mit Britisch-Ostindien ausgesprochen.

Bezüglich der binnenländischen Wasserstraßen und des Kanalbaues ist die Haltung des Centralverbandes schwankend gewesen. In der ersten Zeit seines Bestehens hatte er die Vernachlässigung des Baues von Kanälen beklagt, und noch im Jahre 1896 konnte der Geschäftsführer, in Uebereinstimmung mit der Versammlung am 3. Juni, das Bedauern über den Widerstand aussprechen, dem alle auf die Erweiterung des Kanalnetzes gerichteten Bestrebungen begegneten. Dann aber schlug die Stimmung um, teils wegen der in der Industrie selbst hervortretenden Interessengegensätze, teils wegen der zunehmenden Neigung, der von der Landwirtschaft ausgehenden Gegenströmung Rechnung zu tragen. Als der Geschäftsführer in seinem der Delegiertenversammlung am 13. Februar 1900 erstatteten Bericht die Mehrheit der Mitglieder für die zu erwartende neue Kanalvorlage in Anspruch nehmen zu können glaubte, stieß er auf Widerspruch, der von der Versammlung mit Beifall begrüßt wurde. Diese Haltung hat der Centralverband aber nur vorübergehend eingenommen. Als die Kanalvorlage wirklich gekommen war, stellte er, seiner Bestimmung und seinem ganzen früheren Verhalten mit Bezug auf das Verkehrswesen enspreched, die allgemeinen Interessen über die Sonderwünsche einzelner Industrien und Berufsstände. Er sprach sich am 6. Februar 1901 in einer großen Versammlung nur gegen zwei Stimmen für die Kanalvorlage und deren Durchführung aus. Gegen das Schleppmonopol auf den Kanälen und die Erhebung von Schiffahrtsabgaben auf den natürlichen Wasserstraßen hat der Centralverband später energisch Widerspruch erhoben.

Mit den

Handwerkerfragen

hatte sich der Centralverband in den ersten Jahren seines Bestehens mit Bezug auf die für das Handwerk festzustellenden Zölle beschäftigt. Als er im Jahre 1881 und 1882 seine Aufmerksamkeit der Reform der Handelskammern zuwendete, wurde auch die Vertretung des Handwerks in denselben erörtert. In späterer Zeit beschäftigte sich der Centralverband mit den Handwerkerfragen, als die auf die Organisation des Handwerks gerichteten Bestrebungen sich auch auf die Wiederbelebung mittelalterlicher, zünftlerischer Einrichtungen erstreckten mit starken Eingriffen in die Interessen der Industrie. In dieser Beziehung nahm der Centralverband in seiner Delegiertenversammlung am 30. September 1896 Stellung gegen den im preußischen Handelsministerium ausgearbeiteten, die Einführung von Zwangsinnungen bezweckenden Gesetzentwurf, betr. Abänderung der Gewerbeordnung behufs Organisation des Handwerks. Zu seiner ablehnenden Stellung wurde der Centralverband veranlaßt durch Bestimmungen, die in den Interessenkreis der fabrikmäßig betriebenen Gewerbe tief eingriffen. Hierbei kamen in Betracht die das bisherige Verhältnis der jugendlichen Arbeiter vollkommen umgestaltenden Bestimmungen über das Lehrlingswesen und die im Zusammenhange damit den Innungen, Handwerksausschüssen und Handwerkskammern erteilte Befugnis zur Ueberwachung auch der Fabrikbetriebe. Hierzu kam noch die Unzuträglichkeit aus dem Mangel einer bestimmten Grenze zwischen Handwerk und fabrikmäßig betriebenen Gewerben, und daher auch die Unsicherheit darüber, auf welche Betriebe sich die Zugehörigkeit zu der Zwangsinnung und damit der Zwang zur Leistung von Beiträgen erstrecken werde. Auch gegen die Gesellenausschüsse, die geeignet waren, die Sozialdemokratie in die Vereinigungen der selbständigen Gewerbetreibenden einzuführen, richtete sich der Widerspruch des Centralverbandes. Seine Bestrebungen waren aber von Erfolg nicht begleitet. Die ebenso unklare wie populäre sogenannte Mittelstandpolitik beherrschte damals die Regierung wie die Mehrheit des Reichstages derart, daß die Stimme der Industrie ungehört verhallte.

Abgesehen von der Tätigkeit des Centralverbandes auf dem Gebiete der großen und bedeutungsvollen Gesetze, die hier bereits behandelt sind, hat er den Gang der

Gesetzgebung im allgemeinen und der öffentlichen Angelegenheiten,

soweit sie mit den wirtschaftlichen und industriellen Interessen in Beziehung standen, stets aufmerksam im Auge behalten und sie zum größten Teil sehr eingehend behandelt.

So beschäftigte sich der Centralverband im Jahre 1884 mit dem Gesetzentwurfe betreffend die Aktiengesellschaften und die Kommanditgesellschaften auf Aktien. Er sprach dem Entwurf die Vorzüge einer abgerundeten, logisch aufgebauten Arbeit zu, bedauerte aber, daß dem Verfasser der Zusammenhang mit den Forderungen des praktischen Lebens und mit den bestehenden realen Verhältnissen gefehlt habe. Dieser Mangel hatte zu Bestimmungen in den Gesetzen geführt, gegen welche der Centralverband ernstlich Stellung nehmen mußte.

Von Seiten der chemischen Industrie waren im Jahre 1885 Vorschläge bezüglich gesetzlicher Maßregeln gegen den Verrat von Fabrik- und Geschäftsgeheimnissen gemacht worden. Der Verein der chemischen Industrie hatte beim Centralverbande beantragt, diese Vorschläge zu unterstützen. Dies geschah in der Sitzung des Ausschusses am 27. Februar 1886.

Das Direktorium behandelte in seiner Sitzung vom 13. November 1891 die Frage der Haftpflicht der Unternehmer, soweit sie nicht durch das Unfallversicherungsgesetz geregelt war. Es wurde für erwünscht erachtet, daß die fehlende Regelung durch das in der Arbeit befindliche Bürgerliche Gesetzbuch erfolgen möchte. Das Direktorium beauftragte eine geeignete Kraft mit der Ausarbeitung einer Denkschrift über diese Materie.

Von dem preußischen Handelsminister waren Gutachten über die Mißbräuche im Garnhandel, besonders aber im Garnhandel im Kleinen und über die einheitliche Garnnumerierung, die Einführung des metrischen Systems, vom Centralverbande eingefordert worden. Zur Abgabe dieser Gutachten wurde im Centralverbande eine große Kommission gebildet, in der alle Vereine der Textilindustrie vertreten waren. Diese Kommission hat sich mit den vorbezeichneten Fragen, zugleich auch mit den die Textilindustrie betreffenden Zollfragen, insbesondere mit einer rationelleren Grundlage für die Verzollung der Gewebe, viele Jahre hindurch beschäftigt und Gutachten und Eingaben an die Regierung im Namen des Centralverbandes abgegeben.

Die Deutsche landwirtschaftliche Gesellschaft hatte im Jahre 1892 den Entwurf zu einem Gesetz betreffend das Wasserrecht aufgestellt, der nach einem von dem Wirtschaftlichen Verein in Düsseldorf abgegebenen Gutachten den Interessen der Industrie in weitem Umfange zuwiderlief. Der Centralverband verzichtete jedoch darauf, sich eingehender mit der Sache zu beschäftigen, da er es für zweckmäßiger erachtete zunächst abzuwarten, welche Stellung die Regierung zu jener privaten Arbeit nehmen werde.

Für die Einführung einer einheitlichen Zeitbestimmung hatte sich das Direktorium ausgesprochen.

Das Direktorium beschloß in seiner Sitzung vom 19. Februar 1895 eine Eingabe zu unterstützen, welche die Aufrechterhaltung des § 44 des preußischen Kommunalabgabengesetzes betreffend die Freilassung von Dividenden aus Aktienbesitz von der Gemeindebesteuerung bezweckte.

In der Sitzung des Direktoriums vom 13. Dezember 1894 hatte der Geschäftsführer berichtet, daß der Reichskanzler, Graf Caprivi ihn zu einer Besprechung berufen hatte über die Reorganisation der Handelskammern. Ein betreffendes Gesetz sollte im Handelsministerium bearbeitet werden; der Reichskanzler hatte wohl die einheitliche Gestaltung der Handelskammern im ganzen Reiche beabsichtigt.

Mit einer Reorganisation der Handelskammern hatte sich der Centralverband bereits im Jahre 1882 beschäftigt. Der Gedanke, eine andere Art der offiziellen Vertretung wirtschaftlicher Interessen herbeizuführen lag dem Centralverbande sehr nahe nach den üblen Erfahrungen, die er in dem schweren Kampfe um die Rückkehr zu einer gemäßigten Schutzzollpolitik gemacht hatte. Alle Handelskammern erhoben den Anspruch Vertreter auch der Industrie zu sein, während in jenem Kampfe die wirklichen industriellen Interessen nur von den verhältnismäßig wenigen, unmittelbar in den Industriebezirken befindlichen kleineren Handelskammern vertreten worden waren. In der übergroßen Mehrzahl der Handelskammern, besonders in den Handelskammern aller größeren Städte, hatte der den radikalen Freihandel vertretende Handelsstand das Uebergewicht. Gerade von diesen Handelskammern waren die Bestrebungen des Centralverbandes in feindseligster Weise bekämpft worden.

Dem Ausschuß legte am 20. Mai 1882 der Berichterstatter einen umfangreichen Plan für eine durchgreifende Reorganisation der Vertretung aller gewerblichen Interessen in Deutschland vor. Er wurde einer Kommission überwiesen. Diese Kommission unterbreitete am 18. September 1882 der Delegiertenversammlung einen bis ins einzelne durchgearbeiteten, aus 28 Paragraphen bestehenden Plan für die Neu- und Ausgestaltung der Handels- und Gewerbevertretung. Die Delegiertenversammlung überwies diese Arbeit dem Direktorium als Material und stellte für dessen fernere Tätigkeit in der Sache die folgenden Grundsätze auf: Die Frage der wirtschaftlichen Vertretungskörperschaften ist durch Reichsgesetz für das ganze Reich zu regeln; für diese Vertretung sind von den Landesbehörden mindestens für den Bezirk einer höheren Verwaltungsbehörde Handels- und Gewerbekammern für Handel, Industrie und Gewerbe (Handwerk) zu errichten; den einzelnen Interessentengruppen ist in den Kammern eine ihrer lokalen Bedeutung entsprechende Vertretung durch ein angemessen abgestuftes Wahlrecht zu gewähren.

Später hat sich der Centralverband sehr eingehend mit dem neuen Handelskammergesetz beschäftigt, wobei der Umstand seinen Beratungen zu statten kam, daß der Geschäftsführer des Centralverbandes in der Kommission des Abgeordnetenhauses als Berichterstatter fungierte. Die Reorganisation der Handelskammern und das neue Gesetz beschränkten sich nur auf Preußen; der Gedanke, sie durch Reichsgesetz für das ganze Reich vorzunehmen, war als undurchführbar aufgegeben worden.

Sehr eingehend hatte der Centralverband während mehrerer Sessionen des Reichstages mit Bezug auf die Gesetzentwürfe gearbeitet, die den unlauteren Wettbewerb betrafen. Das Interesse des Centralverbandes richtete sich dabei wesentlich auf die den Verrat von Geschäfts- und anderen Betriebsgeheimnissen betreffenden Bestimmungen.

Den agrarischen Bestrebungen, die Herstellung und den Verbrauch von Margarine durch eine rigorose Gesetzgebung ungebührlich zu erschweren beziehungsweise zu verhindern, ist der Centralverband im wohl erwogenen Interesse der Arbeiter mit großer Schärfe entgegengetreten. Er hatte die Margarine für einen guten, gesunden und verhältnismäßig billigen Ersatz der im Preise wesentlich höher stehenden Butter anerkannt.

In dem Entwurfe zum Bürgerlichen Gesetzbuch war mit Bezug auf die Rechtsfähigkeit der Vereine im § 58 bestimmt worden, daß die Eintragung von der Verwaltungsbehörde beanstandet werden könne, wenn der Verein einen dem Gebiete der Politik, der Sozialpolitik, der Religion, der Erziehung oder des Unterrichts angehörigen Zweck verfolge. Diese Bestimmung hatte die Kommission des Reichstages mit 13 gegen 8 Stimmen gestrichen. Der Centralverband beschloß in einer Eingabe an den Reichstag um die Wiederherstellung der Regierungsvorlage zu bitten. Später, als das Bürgerliche Gesetzbuch in Geltung getreten war, hat sich der Centralverband eingehend mit den das Arbeitsverhältnis betreffenden §§ 394 und 616 beschäftigt.

Die auf Grund des § 120e der Gewerbeordnung erlassenen Verordnungen des Bundesrates zum Schutze von Leben und Gesundheit der Arbeiter haben dem Centralverband vielfach Veranlassung gegeben, gegen die weiten Einschränkungen der Bewegungsfreiheit in den Betrieben vorzugehen. Er hat sich in dieser Beziehung auch des Handwerks, beispielsweise mit Bezug auf die Bäckereiverordnung, und auch des Kleinhandels hinsichtlich der Durchführung eines zu frühen Ladenschlusses angenommen.

In der ersten Hälfte der 80er Jahre machte die Einführung von Reichsstempelabgaben und deren Erhöhung sowie die willkürliche, nach der im Centralverbande vertretenen Ansicht dem Sinne der Gesetze nicht entsprechende Auslegung seitens der betreffenden Behörden dem Centralverbande viele, leider vergebens aufgewendete Arbeit. Bei der späteren Einführung der Einkommensteuer in Preußen, mit der er im großen und ganzen einverstanden war, hat der Centralverband vergebens gegen die Doppelbesteuerung des Einkommens aus Aktiengesellschaften angekämpft. In neuester Zeit hat sich der Centralverband auch mit der Besteuerung der Gesellschaften mit beschränkter Haftung beschäftigt. Dabei konnte sich das Direktorium nicht entschließen, gegen die von der Regierung in dieser Sache eingenommene Stellung Einspruch zu erheben.

In seiner letzten Ausschußsitzung am 9. Dezember 1905 berichtete der Geschäftsführer auch über die Vorlage der verbündeten Regierungen betreffend die Einführung neuer Steuern im Reiche. Der Berichterstatter verwies darauf, daß die Regierung bezüglich jeder der von ihr vorgeschlagenen Steuern auf den entschiedenen und lebhaftesten Widerspruch derjenigen Kreise stoße, die von der betreffenden Steuer zunächst betroffen würden. Bezüglich der indirekten Steuern auf Bier und Tabak glaubte er auf die Hinfälligkeit des Widerspruches verweisen zu sollen, der sich auf die ungebührliche Belastung der arbeitenden Klasse stütze. Bei der Selbstbesteuerung, welche sich die Arbeiter mit ihren Beiträgen an ihre Gewerkschaften in der Höhe bis zu 100 M. und mehr jährlich auferlegen, könne der geringe Betrag, den die Vorschläge der Regierung enthalten, selbst wenn er ganz auf die Verbraucher abgewälzt würde, nicht in Rechnung gezogen werden. Der Geschäftsführer bezeichnete es, der kritischen Finanzlage des Reiches gegenüber, als eine patriotische Ehrenpflicht der Industrie, sich für die Vorschläge der Regierung auch in denjenigen Fällen auszusprechen, in denen die Industrie direkt betroffen werde. Die Versammlung stimmte diesen Ausführungen in vollem Maße zu.

Als zu den bedeutungsvollsten öffentlichen Angelegenheiten gehörig betrachtete der Centralverband die auf die Vermehrung und Stärkung der deutschen Streitkräfte zur See gerichteten Bestrebungen des Kaisers und der Bundesregierungen. In der Erkenntnis, daß die überseeischen Beziehungen zu den wesentlichsten Grundlagen des wirtschaftlichen Gedeihens der Nation gehören, hat der Centralverband bei den verschiedensten Gelegenheiten seine volle Sympathie mit jenen Bestrebungen ausgesprochen und seinen ganzen Einfluß dafür verwendet, sie zu unterstützen. Es sei hier an die große Flottenkundgebung erinnert, die der Centralverband, als die erste größere Flottenvorlage auf hartnäckigen Widerstand im Reichstage stieß, im Jahre 1898 im Kaiserhof in Berlin veranstaltete. Sie machte in ihrer imponierenden Gestaltung großen Eindruck auf weite Kreise und hat entschieden auch dazu beigetragen, daß die Regierungsvorlage im Reichstage wenigstens in der Hauptsache angenommen wurde. Auch in der bereits erwähnten letzten Ausschußsitzung des Centralverbandes hat er sich entschieden für die von der Regierung vorgeschlagene Erweiterung und Vermehrung der Streitkräfte zur See ausgesprochen.

Einen sehr schweren Kampf in sich selbst hatte der Centralverband in Bezug auf die

Währungsfrage

zu bestehen gehabt. Die Anhänger und Gegner der Goldwährung bekämpften sich fast mit ähnlicher Leidenschaftlichkeit, wie es seiner Zeit die Vertreter des Freihandels und Schutzzolles getan hatten. Damals aber war Einigkeit im Centralverbande vorhanden gewesen, während sich bezüglich der Währungsfrage in ihm zwei entgegengesetzte Parteien gebildet hatten. In der Delegiertenversammlung vom 5. und 6. Oktober 1885 gelangte die Währungsfrage zur Erörterung. Die Parteien standen sich so schroff gegenüber, daß bei einer dem Anschein nach möglichen Entscheidung für die Goldwährung, ein Bruch im Centralverbande befürchtet werden mußte. Daher wurde die Abstimmung durch einen Vermittlungsantrag vermieden. Später stellte sich freilich bei Ausführung der von der Delegiertenversammlung veranlaßten Umfrage heraus, daß von den zum Centralverbande gehörigen körperschaftlichen Mitgliedern nur zwei sich für die Doppelwährung, alle anderen für die Durchführung der Goldwährung aussprachen.

Dem Centralverbande war es in den ersten Jahren seines Bestehens sehr schwer geworden Beziehungen zur

Presse

anzuknüpfen. Die politischen Zeitungen, ganz besonders die größeren und bedeutenderen, standen auf der Seite der radikalen Freihändler. Von ihnen wurden die schutzzöllnerischen Bestrebungen zunächst totgeschwiegen und, als das nicht mehr ging, mit großer Feindseligkeit angegriffen. Nur die von Dr. Stoepel in Frankfurt am Main herausgegebene Monatsschrift „Der Merkur" vertrat mit ernstem wissenschaftlichen Streben die Lehre des Schutzzolles, fand aber nur Beachtung bei den überzeugten Anhängern dieses Wirtschaftssystems. Die Versuche, ein bestehendes Börsenblatt als Organ zu benützen und später eine eigene Zeitung zu begründen, mißglückten. Besseren Erfolg hatte die mit Unterstützung des Centralverbandes bewirkte Ausgabe einer Zeitungskorrespondenz, der „Deutschen Volkswirtschaftlichen Korrespondenz". Sie erschien zuerst am 15. Juli 1876 und hat dem Centralverbande und der deutschen Industrie sehr große Dienste geleistet. Denn sie war jahrelang das einzige Organ, in dem die Ansichten des Centralverbandes zum Ausdruck gebracht werden konnten. Besonders wertvoll war es, daß durch sie die Behörden von der in den bedeutendsten industriellen Kreisen herrschenden Stimmung Kenntnis erhielten. Der Besitzer und Herausgeber, ein im Kriege schwer verwundeter und daher pensionierter Offizier, Freiherr von Roell, der in der ersten Zeit auch in der Geschäftsführung des Centralverbandes tätig gewesen war, wandte sich jedoch später der in Berlin auftauchenden christlich-sozialen Richtung zu, die von der Industrie nicht vertreten werden konnte. Hierdurch sah sich das Direktorium des Centralverbandes im Jahre 1883 veranlaßt, die „Deutsche Volkswirtschaftliche Korrespondenz" anzukaufen; die Gründe sind nicht bekannt, die es veranlaßten die Korrespondenz sehr bald wieder in andere Hände übergehen zu lassen.

Ein früherer Mitarbeiter an der Norddeutschen Allgemeinen Zeitung, dem bekannten offiziösen Organ der Regierung, der Journalist Victor Schweinburg, hatte im Jahre 1880 eine Zeitungskorrespondenz, die „Berliner Politischen Nachrichten" herausgegeben, die bald, infolge der geschickten Leitung und der unverkennbar guten Beziehungen zu den maßgebenden Behörden, eine bedeutende Stellung in der Presse einnahm. Mit dieser Korrespondenz knüpfte der Centralverband Beziehungen an, die sich für ihn als sehr erfolgreich erwiesen haben und noch fortbestehen.

Im Jahre 1884 beschloß das Direktorium des Centralverbandes, wie bereits erwähnt, die Herausgabe der „Neuen Reichskorrespondenz", hauptsächlich, um den Kampf gegen die an Umfang und Gefährlichkeit zunehmende Sozialdemokratie wirkungsvoller zu führen, auch um die Ansichten des Centralverbandes mehr und mehr im Volke zu verbreiten. Zu diesem Zwecke wurde die Korrespondenz kostenfrei besonders den Herausgebern kleiner Zeitungen, den Kreisblättern und ähnlichen anderen Organen zugeschickt; sie wird von ihnen fortgesetzt fleißig abgedruckt. Die Kosten werden allein vom Centralverbande getragen. Gegenwärtig erscheint die „Neue Reichskorrespondenz" dreimal wöchentlich und geht an rund 900 Empfänger.

Die Beziehungen zu den Zeitungskorrespondenzen — auch mit der „Deutschen Volkswirtschaftlichen Korrespondenz" waren mit der Zeit solche wieder angeknüpft worden — waren jedoch mit dem Uebelstande verbunden, daß die Tageszeitungen von den Angelegenheiten des Centralverbandes doch nur das in ihre Spalten aufnahmen, was ihnen beliebte; das übrige blieb von der Oeffentlichkeit ausgeschlossen. Dieser Zustand war mit den Interessen des an Umfang und Bedeutung zunehmenden Centralverbandes nicht länger vereinbar; sie erforderten ein Organ, das dem Centralverbande unter jeden Umständen zur Verfügung stand, und das nicht so leicht, wie es bei den Zeitungskorrespondenzen möglich war, unbeachtet gelassen werden konnte. Daher wurde im Jahre 1899 ein Abkommen mit dem Herausgeber der „Deutschen Industrie-Zeitung" Steimann-Bucher getroffen, nach welchem diese Zeitung, die von jener Zeit ab wöchentlich erscheint, das offizielle Organ des Centralverbandes wurde; es findet in der Presse wie bei den Behörden ernste Beachtung.

Seine Verhandlungen und größeren Arbeiten veröffentlicht der Centralverband in nach Bedarf erscheinenden Heften, die seinen Mitgliedern kostenfrei zugehen und von denen bisher 102 Nummern vorliegen. Sie enthalten ein fast lückenloses, reiches Material über alle das Wirtschaftsleben und die sozialen Verhältnisse betreffenden Vorgänge seit Begründung des Centralverbandes, soweit sie mit den Interessen der Industrie irgend in Beziehung stehen. Die „Verhandlungen, Mitteilungen und Berichte" des Centralverbandes, wie überhaupt die Schriften der wirtschaftlichen und industriellen Vereine und Verbände, unter diesen ganz besonders die „Mitteilungen" des Vereins zur Wahrung der gemeinsamen wirtschaftlichen Interessen in Rheinland und Westfalen, werden dereinst dem Geschichtsschreiber ein vorzügliches Material zur Beurteilung der wirtschaftlichen und sozialen Verhältnisse unserer Zeit geben.

Schlußbemerkungen.

Die vorstehenden Darlegungen haben, wegen der Masse des zu bearbeitenden Stoffes, den für diese kleine Schrift ursprünglich ins Auge gefaßten Umfang wesentlich überschritten. Dennoch hat die Tätigkeit des Centralverbandes nur unvollkommen, in großen Zügen und abgerissenen Bildern geschildert werden können. Die mühevolle Arbeit im einzelnen hat meistens übergangen werden müssen. Sie war vielfach nötig mit Bezug auf Fragen, die bei ihrem Auftauchen nicht unbeachtet bleiben konnten, ihre Bedeutung aber bald verloren und gegenwärtig dem Gedächtnis fast entschwunden sind. Das hier Gebotene dürfte jedoch genügen, um die Anerkennung zu erwecken, daß der Centralverband in den dreißig Jahren seines Bestehens redlich bestrebt gewesen ist die Grundlagen für die deutsche Industrie zu schaffen und zu festigen, die Bedingungen für ihre Entwickelung und ihr Gedeihen auszugestalten und dabei die Interessen des Gemeinwohles zu wahren.

Trotzdem ist der Centralverband von seiner Begründung ab, und nicht immer nur von den außerhalb der Industrie stehenden Kreisen angefeindet, geschmäht und verlästert worden. Hochschutzzöllnerisch, daher der Inbegriff alles rückschrittlichen Strebens, und der Hort des Scharfmachertums soll er sein; in diesen beiden Richtungen bewegen sich die unausgesetzten Angriffe auf ihn.

Um zu erkennen, welches Unrecht mit dem Vorwurf der Hochschutzzöllnerei gegen den Centralverband verübt wird, ist nur ein geringes Eindringen in seine Geschichte erforderlich. In dieser Beziehung würde ein Blick auf den von ihm im Jahre 1876 aufgestellten Tarif genügen, dessen Zollsätze als maßvoll und bescheiden anerkannt werden müssen. Aber um dieses bescheidene Maß, dies damals undenkbar Scheinende zu erringen, mußte er die im öffentlichen Kampfe der Meinungen gebräuchlichen Mittel, Wort, Schrift und Agitation, mit äußerster Kraft und Schärfe gebrauchen. Das konnten ihm die, wegen ihrer Niederlage erbitterten Gegner nicht verzeihen; in den Augen der damals wirklich innerlich überzeugten bedingungslosen Freihändler war der Centralverband in der Tat der Inbegriff der Hochschutzzöllnerei. Diese Bezeichnung, richtiger Verdächtigung, wird heute von demjenigen Teil der Presse und den schreibseligen Berufspolitikern festgehalten, die sicherlich nicht wagen würden im Ernstfalle die radikale Beseitigung unserer Zölle, die völlige Oeffnung unserer Grenzen zu verlangen, die es aber lieben, den bedingungslosen Freihändler zu markieren, da es liberal erscheint und Beifall bei den Massen findet. Denn, merkwürdiger Weise, huldigt die deutsche Sozialdemokratie dem Freihandel; würde sie das nicht tun, so müßte sie sich ja in handelspolitischen Fragen an die Seite der Machthaber im Staate stellen; das aber muß der zielbewußte Genosse, wenn irgend tunlich, vermeiden.

So wird der Centralverband auch gegenwärtig noch, in den meisten Fällen sicher gegen besseres Wissen, aber weil die Parteitaktik es verlangt, als hochschutzzöllnerisch verschrieen und verlästert; er wird das tragen müssen, wie er es bisher, ohne großen Schaden zu erleiden, getragen hat.

Bezüglich des Scharfmachertums liegt die Sache etwas anders. Es hat zu allen Zeiten Strömungen gegeben, die im schnellen Fortschritt die Herrschaft über die Geister und über die öffentliche Meinung erlangten, von der die neue Lehre, glaubensselig, als Evangelium aufgenommen wurde. Leicht ist es in der Geschichte nachzuweisen, daß es sich dabei nicht immer um Lehren, sondern, besonders in der Uebertreibung, auch um Irrlehren gehandelt hat. Aber immer sind diejenigen, die sich solchen Strömungen entgegenstellten, angegriffen worden; im Altertum wurden sie gesteinigt, in neuerer, mehr zivilisierter Zeit werden sie schwer angefeindet und verlästert. So ergeht es auch dem Centralverbande hinsichtlich seines Kampfes gegen die Uebertreibungen der in der Gegenwart so mächtig auftretenden sozialistischen Strömung.

Auch in diesem Falle genügt ein Blick in die Geschichte des Centralverbandes um zu erkennen, daß die in ihm vereinigten Industriellen bereitwillig und warmen Herzens für den Schutz der arbeitenden Klassen und für die Besserung ihrer Lage eingetreten sind und die bezüglichen Maßnahmen gestützt und gefördert haben. Nur die aus dem Buhlen um die Gunst der Massen hervorgegangenen Uebertreibungen hat der Centralverband scharf bekämpft, besonders wenn die sozialistischen Bestrebungen darauf gerichtet waren, die Industriellen aus ihrer berechtigten Stellung als Unternehmer und Arbeitgeber hinauszudrängen.

Diese Stellung hat der Centralverband stets und energisch verteidigt und sich besonders hinsichtlich des unklaren Begriffes der Gleichberechtigung stets auf den Standpunkt seines früheren Vorsitzenden Jencke gestellt. Nach ihm ist der Arbeiter dem Arbeitgeber voll gleichberechtigt, bevor er bei ihm in Arbeit getreten ist; mit der Annahme des Arbeitsvertrages hört die Gleichberechtigung auf; der Arbeiter wird der Untergebene des Arbeitgebers, dessen Anordnungen und dessen Strafgewalt er sich innerhalb der gesetzlichen Grenzen unterwerfen muß und zwar kraft des Arbeitsvertrages.

Diesen Standpunkt vertritt der Centralverband mit Entschiedenheit, er weist die sogenannte „konstitutionelle Fabrik" als unvereinbar mit dem Bestande und Gedeihen der Industrie unbedingt zurück. Wenn seine Gegner, um ihn in der Oeffentlichkeit zu verdächtigen und herabzusetzen, ihn deswegen als Hort des Scharfmachertums bezeichnen, so wird er das zu tragen wissen in der wohlbegründeten Ueberzeugung, daß er in dem Kampfe gegen eine irregeführte öffentliche Meinung für den Bestand der Industrie und dabei in vollem Sinne des Wortes für das Wohl des Staates und der Nation eintritt.

Leider zählen auch gewisse Gruppen von Industriellen zu den Gegnern des Centralverbandes. Manche können es nicht vergessen, daß bei der Entscheidung über große Fragen der Centralverband in dem, was er im Interesse der Industrie und der Gesamtheit für erstrebenswert und richtig erkannt hatte, ihren Absichten und Zielen mit Erfolg entgegentrat. Andere sind verstimmt, weil sie ihre Interessen im Centralverbande nicht genügend gewahrt erachten. In dieser Beziehung wird zuweilen recht engherzig geurteilt. In einem Verbande, der den bedeutendsten Teil der deutschen Industrie umfaßt, laufen nicht alle Interessen friedlich neben einander, sondern es kommen auch Gegensätze, zuweilen recht scharfe, vor. Da muß der Centralverband nach den Interessen der Gesamtheit entscheiden oder es jedem überlassen, selbst seine Interessen zu verfolgen. In solchen Fällen muß es dem einzelnen genügen zu wissen, daß seine allgemeinen Interessen vom Centralverbande vertreten werden. Leider ist es vorgekommen, daß Industrielle, deren Anforderungen der Centralverband nicht glaubte vertreten zu können, sich sofort von ihm abwendeten, wohl gar zu seinen Gegnern übergingen. In solchem Verfahren bekundet sich kein weiter Blick.

Die Spaltung und die Gegensätze in der Industrie selbst werden im Centralverbande als schwerer Mißstand empfunden und lebhaft beklagt. Er hat in den siebenziger Jahren erfahren, was durch Einigkeit zu erreichen war, und er hat beobachten müssen, wie die Industrie bei den letzten handelspolitischen Maßnahmen durch ihre Uneinigkeit in Verlust geraten ist; daher ist der Centralverband ernstlich und aufrichtig bestrebt, die Einigkeit wieder herzustellen. Durch eine in neuerer Zeit mit zwei industriellen Vereinigungen, die ihm früher recht unfreundlich gegenüberstanden, geschlossene Interessengemeinschaft ist bereits ein Schritt auf dem Wege zur Verständigung und Einigung geschehen; der Centralverband hofft auf diesem Wege auch noch weiter zu kommen.

Aber auch jetzt bereits nimmt der Centralverband, der gegenwärtig, abgesehen von den einzelnen Firmen, 177 korporative Vereinigungen umfaßt, eine Stellung ein, von der seine Mitglieder wohl befriedigt sein können. Es vergeht freilich kaum eine Woche, in der nicht irgend eine ihm feindlich gesinnte Zeitung ihren Lesern mit Befriedigung die Nachricht bringt, daß der Centralverband absolut keine Bedeutung habe. Dieser von seiner Begründung an 30 Jahre hindurch stets wiederkehrende Hinweis seiner Gegner auf die Bedeutungslosigkeit des Centralverbandes kann wohl mit Recht als ein Beweis seines erfolgreichen Wirkens und damit auch seiner tatsächlichen Bedeutung angesehen werden. Es ist wohl zu wünschen und zu hoffen, daß der Centralverband diese Stellung in den nächsten 30 Jahren seines Bestehens sich nicht nur zu erhalten, sondern sein Ansehen und seine Bedeutung noch zu steigern wissen wird, zum weiteren Gedeihen der Industrie und zum Wohle des Vaterlandes.

Druck: Deutscher Verlag (Ges. m. b. H.), Berlin SW. 11

FSC
www.fsc.org
MIX
Papier | Fördert gute Waldnutzung
FSC® C083411

Kolibri 360 GmbH
Ferdinand-Jühlke-Straße 7
99095 Erfurt, Deutschland
produktsicherheit@kolibri360.de